情绪稳定的妈妈
自信松弛的女孩

养育女孩五大心法

女儿派 呀呀妈——著

人民邮电出版社

北京

图书在版编目（CIP）数据

情绪稳定的妈妈，自信松弛的女孩：养育女孩五大心法 / 女儿派，呀呀妈著. -- 北京：人民邮电出版社，2025. -- ISBN 978-7-115-66735-9

I. G78

中国国家版本馆 CIP 数据核字第 20250F951Y 号

◆ 著　　　　女儿派　呀呀妈
　责任编辑　侯玮琳
　责任印制　陈　犇

◆ 人民邮电出版社出版发行　　北京市丰台区成寿寺路 11 号
　邮编　100164　电子邮件　315@ptpress.com.cn
　网址　https://www.ptpress.com.cn
　涿州市京南印刷厂印刷

◆ 开本：880×1230　1/32
　印张：7.75　　　　　　　　　2025 年 5 月第 1 版
　字数：149 千字　　　　　　　2025 年 10 月河北第 3 次印刷

定价：52.80 元

读者服务热线：**(010)81055410**　印装质量热线：**(010)81055316**
反盗版热线：**(010)81055315**

前言

女 孩 也 难 养

"真羡慕你啊，生了个女儿！女孩多好养啊！比养男孩容易多了！"

家有女儿的你，是不是对这句话很耳熟？

即使到了今天，很多人基于固有认知，还是认为养女孩更轻松。因为相较于男孩，女孩更乖巧懂事，听话好带，不会给父母带来太多麻烦，养育过程中更让父母省心。

但事实并非如此。《女孩危机？！》一书中写道："男孩的问题是表面的，女孩的问题是深层的。男孩像一条河，女孩像一口井。"所以，表面上看起来"省心"的女孩，却有诸多不容易被察觉的隐匿性问题，而这些问题如果不解决，可能会成为女孩成年后的人生隐患。

自从2019年创办公众号"女儿派"以来，我遇到了很多迷茫、无助的女孩父母。深入了解后，我发现他们的女儿往往有一个共同特点：无论这些女孩在别人眼里多么优秀、乖巧，她们内心总有一个角落，挤满了自卑和忧伤。

很多女孩遇到问题时，不会像男孩那样和父母大吵大闹，而更习惯于将压力和痛苦埋藏在内心深处，不断向内自我攻击。这就是我们所说的精神内耗。

而让女孩出现精神内耗的原因，一般来说可能是以下几点。

第一，也是最重要的，就是学业压力。近年来，诸多研究表明，女孩在各个阶段的学业表现整体上都优于男孩，即使在高中、大学阶段，女孩的学业优势也依然明显。这就让我们常常陷入一种误区：相较于男孩，女孩更适应应试教育。

但现实远比我们看到的更复杂。2009年，中国青少年研究中心曾对1800多名高中生进行过调查，结果发现：女生每天做作业和额外学习的时间都多于男生，其中47.4%的女生每天做作业的时间在两小时以上，35.1%的女生每天还要额外学习超过两小时。所以，不是女孩更适应应试教育，而是女孩在学业上的投入更多。

正因为如此，女孩在学业上承受了更大的压力。在这种长期高压的状态下，很多女孩会变得更加敏感，也更容易内向沉默。

第二，社交危机。心理学领域有个词叫"同伴压力"，它指的是一种心理动态，这种心理动态让我们为了融入同伴，放弃了自己原有的价值观和原则，转而追随他人的步伐。特别是在女孩中，这种现象更为显著。女孩的大脑似乎天生就对交流和人际关系更为敏感，这使她们在同伴面前更容易展现出顺从的一面。与男孩相比，女孩似乎更难以抵抗来自同伴的影响力。

第三，容貌焦虑。青少年的身体自尊水平是其整体自尊水平最重要的预测指标，而女孩的身体自尊水平要普遍低于男孩。从出生那一刻起，女孩就生活在一个对外貌更为注重的环境中。在孩童时期，她们通过与芭比娃娃等玩具的互动来了解社会的审美标准。随着逐步成长，社交媒体也对女孩产生了深远的影响，这些媒体上充斥着对完美女性形象的期待和展示，无形中向女孩灌输了大量关于身体形象的"标准化"信息。到了青春期，女孩还要面对自身神经系统发育的压力，这种生理变化往往会加剧她们对身体形象的焦虑和不满。

此外，父母和教育者往往倾向于以传统规范和期望来塑造女孩的行为，强调乖巧和顺从。这种教育方式可能源于一种普遍但存在误解的观念，即认为这样的女孩更容易获得社会的接纳和喜爱，从而拥有更顺遂的人生。殊不知，这种教育方式实际上可能导致女孩在自我认同和自我表达上受到压抑。

因此，我们不难发现，"女孩好养"其实是一个彻头彻尾的伪命题。实际上，女孩的成长之路危机重重，可能要经历"九九八十一难"，才能"安全到岸"。因此，养育女孩更考验父母的智慧。

那么，在陪伴女孩成长的过程中，我们该如何引导女孩一点点变得自信、松弛，成为更强大的自己呢？

在我看来，最重要的一点就是父母首先要情绪稳定。因为就像心理教育专家陈默老师说的，母亲和孩子，即使脐带剪断了，潜意识仍是连在一起的，母亲的情绪会直接传递给孩子。

那么，作为父母，我们应该怎样做呢？

得益于众多读者的帮助，我获得了大量的第一手资料。于是，我将自己这些年来的观察和反思写成了这本书，从沟通陪伴、性格养成、情绪管理、社交引导和心态修炼五个方面着手，帮助父母走进女孩的内心世界，平息女孩内在的冲突，帮助女孩披上坚固的铠甲，一步步成长为更加独立、优秀、松弛、自信的自己。

家有女儿，我们都希望能够免她惊，免她苦，免她四下流离，免她无枝可依，但我们能够陪伴女儿的路程不过十几载，往后的日子，她终将要一个人独行。

所以，希望家有女儿的你，能够通过这本书产生新的思考，确定行动方向，也希望未来的日子里，我们的女儿都能自由地成长，锻造出坚韧、强大的内心。

呀呀妈

2024年12月

目 录

第1章

沟通陪伴心法

这样说话，才是和女孩沟通的最好方式

一位作家曾在微博上分享过自己生病之后和妈妈的对话。

"今天跟我妈视频聊天，我本来不想告诉她，但她看我不太对劲，猜到我'感染病毒'了。于是她第一句话就说：'让你到处瞎跑！'可是我根本没有瞎跑呀！很多父母都这样，表达关心的第一步就是把你骂一顿。"

明明心里满满都是关心，但是一出口就变成了责备，像这样的"刀子嘴"家长，在我们的日常生活中比比皆是。

这让我想起了前段时间看过的一个故事。一位博主带着患了肠胃炎的女儿去看病，遇到了同来看病的另一个女孩。在医生给这个女孩看病的过程中，女孩的爸爸和奶奶一直在"审问"她："你到底哪里不舒服？""哪里不舒服都不知道吗？""你是装的吧？都快期末了你又要请假！"

即便女孩已经确诊了肠胃炎，女孩的奶奶还在数落她："天冷让你穿衣服你不穿，不好好喝水，也不好好洗手，你看现在得肠胃炎了吧！……"女孩听到这番责难后，吼叫着抗拒，爸爸和奶奶更加生气了。抽血的时候，女孩害怕，哭着抗拒，她的爸爸指着博主的女儿对自己的女儿说："你看看这个姐姐，人家也抽血，人家就不哭。你既然这么怕抽血，那你有本事别生病啊！"

这时，博主的女儿忍不住对这个爸爸说了一句话："叔叔，我也得了肠胃炎，您的女儿是生病了，不是犯错了，您不要责怪她了。"

想必这个女孩的一句话，点醒了很多父母，我也不例外。

没有父母是不担心孩子的，可恰恰关心则乱。心里爱着孩子，说出来的话却像伤人的刀子。在孩子生病、受伤、出现问题时，父母的"刀子嘴"不仅不能让孩子吸取教训，还会让孩子，尤其是女孩，雪上加霜。

2023年初，在终于可以不用戴口罩的时间里，由于我和老公都是普通上班族，在上下班路上、公司里都会接触到很多人，感染病毒在所难免。再三考虑之下，我让婆婆接女儿回老家待一阵子，避开病毒传播的高峰期。走的时候，我再三嘱咐女儿要听奶奶的话，"待在家里不要乱跑"，同时，我也一直嘱咐婆婆要多提醒女儿勤洗手，家里也要勤消毒，并给他们买了大包小包的消毒用品。我以为自己的准备工作已经很到位了，可没想到，女儿却成了家里第一个感染的人。得知女儿发烧后，我又急又气，在打视频电话时对着她一通数落："你怎么回事，爷爷奶奶都还好好的，怎么你就感染了？是不是偷跑出去玩了？是不是不听奶奶的话？"

女儿脸都烧红了，但还是辩解道："我没有！"

我很担心她，于是请假回到了老家。不仅耽误了工作，还要小心翼翼地照顾着女儿的我，心里自然不太舒服，我也没藏着自己的负面情绪，没有好气地对她说："你能不能让爸爸妈妈省点心？之前就告诉你要注意保护自己，怎么不听？现在知道难受了吧！"

大概是生病的缘故，女儿没像平时一样和我犟嘴，只是气鼓鼓地喝药，然后就睡着了。

好在很快她就退烧了。夜里我怕她又烧起来，去她房间看她。确认没有问题后，我转身正准备离开，却听见女儿小声地说："妈妈，我已经好了。"我回过头来，她又睡眼蒙眬地跟我说："妈妈，对不起，我不是故意的，你不要生气。"说着，她眼里泛起了泪花。

看到平日里那个闹腾的小姑娘，一边承受着身体的不适，一边自责地跟我道歉，我的心一下子被戳到了，心里一阵内疚。我知道，病毒无孔不入，女儿生病不该责怪她。只不过自己平时习惯了用指责的方式来教育女儿，以为只有严厉训斥才能让她记忆深刻。现在我客观地反思自己的教育方式，发现我的"刀子嘴"并不能解决根本问题，甚至可能会给女儿带来伤害。

一个生病的孩子需要的是安慰。想到这儿，我低下身抱了抱女儿，安抚她说："妈妈不生气，你好好睡觉，明天就能好起来了。"女儿点点头，安心地闭上眼睛睡觉了。

女儿康复之后，紧接着我也发烧了。我让她离我远一点。就在我烧得稀里糊涂的时候，她竟然跑到我跟前，我见她不听话，正要生气，她却给了我一个大大的拥抱，说："我抱抱妈妈，就像妈妈抱我一样，抱一抱就好了。"我瞬间"破防"，眼泪忍不住掉了下来。这时的我更深刻地意识到，孩子需要的，不是大人的耳提面命，而是一个简单的拥抱。父母的支持和安慰，才是治愈孩子的良药。

知乎上有这样一个提问：有一个刀子嘴豆腐心的妈妈是一种什么样的体验？有一个高赞（指点赞量高）的回答是："我不相信有一张刀子嘴的人会有一颗豆腐心，就算有，那也是硬邦邦的冻豆腐，可以砸死人的那种。"如果父母有一张"刀子嘴"，那孩子在感受到"豆腐心"之前，就已经遍体鳞伤了。

正如亦舒所说："人们日常所犯最大的错误，是对陌生人太客气，而对亲密的人太苛刻……"

我曾看过一个女孩吃饭时被父母教训的视频片段，短短一分钟，却让人无比窒息。视频中，女孩哽咽着一口一口往嘴里塞饭，父母你一言我一语地质问："你毕业后准备干什么？""你要怎么养活自己？"

原来，女孩学的艺术专业不被爸妈看好，她只能开玩笑地说："我会找个有钱的老公。"

妈妈闻言却嘲讽她："你个子矮小，能找什么样的？你跟别人比，什么都不是。"女孩面对这接连而来的言语打击，泪水不停地流，让人心疼不已。

实际上，父母言语上的贬低和指责，只会让孩子感受到被打压和不被认可，在这种语言暴力下，他们根本感受不到家庭的爱。

心理治疗师苏珊·福沃德曾在书中分享了一位来访者的感受："如果让我在挨打和挨骂之间做出选择，我一定会选择挨打。因为挨打之后，伤痕都是看得见的，至少人们还会同情你。可是责骂会把人逼疯，你却看不到任何伤痕。没有人会在意。和侮辱比起来，身体创伤的愈合可快多了。"

无论你是不是"豆腐心"，在伤害的话说出口的那一刻，"刀子"就已经插在孩子身体里了。

很多女孩长大后，生病选择独自承受，遇到再难的事也不愿向父母求助，于是很多父母感慨"女儿怎么越大越和自己不亲了"，却忘了自己很可能就是造成和女儿渐行渐远的推手。

知乎上一个网友曾在一篇帖子里写道："记得我小时候，和邻居玩过家家时，手被玻璃扎伤了，回家后就被父母骂：'谁让你去玩的，现在受伤了吧！'自己感冒了，可能就会被父母说：'谁让你穿那么少？''谁让你贪凉？''谁让你不带伞？''谁让你不好好睡觉？'甚至怀孕时，有一次我在超市因为低血糖晕倒了，家人知道后第一句话也是：'谁让你去超市的？'"

如果女孩受到伤害后，父母的第一反应是责怪，久而久之，她们怎么还会有和父母沟通的欲望？

前几年，江苏一个6岁的女孩在爸爸的工地上不慎触碰气钉枪开关，导致一颗钢钉打入胸腔，距心脏仅26毫米。但是女孩因为怕被责怪不敢告诉父母，直到疼得受不了才敢坦言。

苏珊·福沃德说："在孩子幼小的心灵里，父母就是他们整个世界的中心。所以，如果你无所不知的父母认定你是个坏孩子，那你就一定是。"

也许，对于一些孩子来说，父母言语的伤害，远比钢钉穿膛更痛。而有些孩子受伤了，会跑向父母寻求安慰，这是因为父母在孩子受伤的时候，会给予关心和安慰，他们会接纳孩子，也会理解孩子。

有这样一个寓言故事：北风和南风比试威力，看谁能让行人把身上的大衣脱掉。北风呼啸凛冽，结果行人把大衣裹得更紧了；南风徐徐吹动，行人感到温暖，于是纷纷脱下了大衣。这就是"温暖法则"（也称南风效应）。它告诉我们：温暖胜于严寒。

在那次生病的经历中，我就像刺骨的北风，对着女儿一通责难，除了让女儿更加难受外，别无他用；而女儿却像温暖的南风，在我虚弱的时候给我关怀，让我倍感体贴。其实养育孩子很简单，只要我们像孩子爱我们一样爱他们，就好了。如果女孩的原野已经是漫天冰雪，我们就不要再用冷冽的言语给它雪上加霜了，因为真正能够驱走严寒的，永远只有春天的暖风。

想培养一个有爱、有幸福感的女孩，父母先从好好说话开始。

﹨ 妈妈养育心法 ╱

暴力的言语，只会让女孩变得沉默、自卑，让她觉得自己一无是
处；而温和的话语，则能让女孩变得积极、自信、向阳而生。具体
来说，我们该如何跟女儿沟通呢？

❶ 认真倾听。这是沟通的第一步。我们可以先耐心地了解女儿的想
法和感受，不要急于给出建议或评判。

❷ 注重平时的非语言沟通。身体语言也是表达爱的方式。在女儿说
话的时候，我们要与她保持眼神的交流，用微笑和点头来表明自
己在耐心、认真地倾听，并且与她产生了共情，这样能给女儿足
够的安全感。

❸ 控制情绪。这是亲子养育，尤其是亲子沟通过程中最重要的环
节。我们也要尽力保持冷静，避免激烈的言辞或行为。

❹ 给予适当的反馈。在和女儿沟通的过程中，我们要保持一种随时
能发现她的优点的态度，对她的想法及时给予反馈，让她感受到
自己不是在自说自话。

❺ 建立信任感。在和女儿沟通的过程中，我们一定要表达出自己对
她无条件的爱，让她知道无论发生什么，她都可以信任我们，向
我们寻求帮助。

父母的情绪价值，
是培养"高幸福感女孩"的关键

最近，一个女孩和"AI妈妈"的对话火了。

在女孩看来，"AI妈妈"是一个既体贴又细心的"妈妈"。
这个"妈妈"会主动关心她的心情，帮她排解烦恼，在她遇到挫折时还会给予温暖的鼓励。女孩很喜欢这个"AI妈妈"，她说："她是世界上最完美的妈妈，关心我的情绪，会表达爱，永远夸我、鼓励我，我做任何决定她都会支持我，任何糟糕的事情在她眼中都有值得肯定的一面。她不会拿我和别人家的小孩比，不会说'别人都能做到，你为什么做不到'，而会说'你已经很棒了，要相信自己'；她不会说'我都是为了你好'，她会说'实在不喜欢就不要勉强自己'。"都说AI会成为人类的"刽子手"，可这个女孩被AI深深地治愈了。看到这里，很多网友都共情了，谁不想拥有一个这样贴心、治愈的"AI妈妈"呢！

残酷的现实是，很多孩子从来没有体会过父母的温暖，只能在成长的过程中自渡，自己成为自己的"港湾"。

仔细想想，"AI妈妈"所提供的，不就是我们常常说的"情绪价值"吗？也就是为关系中的另一半提供情感和情绪支撑，帮助对方表达、处理情绪，从而让对方的内心得到疗愈。在任何一段关系中，情绪价值都至关重要，亲子关系也不例外。无法提供情绪价值的父母，养不出有幸福感的女孩。

当你的女儿跟你倾诉苦恼、吐露情绪时，你是怎么回应的呢？

我家小区门口有一家蔬果店，是一对夫妻开的，他们有一个10岁左右的女儿。有一次，我带着女儿去店里买东西。刚进屋，女店主就开始跟我吐槽："你瞅瞅我这个女儿，快气死人了，什么都不跟我们讲，现在还闹着要休学！"小女孩碰巧听到了，气冲冲地跑过来说："是我不跟你们说吗？我都说过了，是你们不在乎！"

小女孩曾经向父母哭诉自己在学校被孤立，可他们总是摆摆手不想听："管好自己，好好学习就行了，不要总想那些有的没的。"她随口说了句"我最近学习有点累"，她妈妈直接打断她："学习有什么累的，怎么别人不累就你累呢！"她抱怨晚上失眠，心里总有很多事，她妈妈却觉得她在骗人："小孩子能有什么心事！"

每次她在试图向父母寻求帮助的时候，总会被父母毫不留情地挡回来。慢慢地，她开始变得敏感，甚至害怕去学校。

我听了女孩的故事，不由得想起前段时间看到的一条微博，博主的朋友得了抑郁症，告诉父母后得到了这样的回复："瞎扯，保持正常思维，规律生活，干该干的事，哪来的抑郁？摆正自己的位置，端正自己的心态，普通人就过普通的生活。梦想很'丰满'，现实很'骨感'，还是醒醒吧！说句打击你的话，以你目前的工作、生活状态，能自足就万幸了，在你的身上根本看不到一个年轻人的拼搏劲、学习劲、努力劲……所有的事只停留在嘴巴上，行动上看不到！'少壮不努力，老大徒伤悲。'我说的话可能会伤你的自尊，但你好好地、静静地想想。你不小了，也要想想自己的人生路应该怎么走。务实生活，踏实干事，提升自己的能力。抑郁？真是瞎扯！"

这一字一句，没有温暖的接纳，皆是无情的嘲讽和说教。

女孩向父母倾诉，是出于对父母的信任，她想要的是情感上的共振，而不是漫不经心的说教或指责。如果连最亲密的父母都无法提供情感支持、传递情绪价值，女孩内心的痛苦可想而知。

美国艾奥瓦大学埃弗里·贝利教授曾指出："情绪价值不仅决定了一个人受欢迎的程度，还决定了一段关系的走向。尤其在一个家庭中，是否拥有正向的情绪价值，很大程度上影响着这个家庭的未来。"

情绪价值是亲子间建立良好依恋关系的关键要素，尤其是在养育女孩的家庭中，情绪价值更为重要。可在现实中，正向的情绪价值却成了不少父母最稀缺的东西。

每个孩子的人生都会面临许多挑战，有力的情感支持和引导才是孩子成长中最需要的。

网上有个话题：父母情绪价值高是一种怎样的体验？一位网友这样说道："大概就是，不用担心自己被批评，不用害怕自己是不是做错事，更不用担心自己不被爱。你只需要听从自己的内心，随心所欲地做自己。记得12岁那年，我们全家出门旅行，爸妈让我负责做计划和安排行程。由于没有经验，第二天到机场后大家发现我弄错了航站楼，于是我们不得不改签。我内心特别愧疚，但没想到父母压根儿没把这个当回事，还笑着说：'正好我们可以先吃个饭，再去参观一下机场。'在长达5小时的等待中，他们也没有提到改签的事。旅程中，由于我的疏忽，前往某个目的地的过程中我们走了很多弯路，妈妈却感叹道：'宝贝，你的这条路线也太有创意了，可以让我们看到这么多美丽的风景！'这趟旅程虽然状况百出，但是我们全家都特别快乐。"

在父母正向情绪价值的滋养下，她的整个童年都过得特别幸福，如今也成长为一个阳光、自信的人。

网上有段话很有道理："在女孩的成长过程中，父母越是能够给她带来舒服、愉悦和稳定的情绪，说明父母的情绪价值就越高；如果父母总是让女孩产生难过、沮丧和愤怒的情绪，则说明父母的情绪价值很低。"

事实证明，父母提供的情绪价值，决定了女孩幸福的程度。

父母只有创造一个安全、稳定、和谐的环境，让女孩能够自由地表达情感和需求，她才能成长为一个幸福、快乐、温暖的人。

这些年，我见过很多父母。我发现，最好的父母并不会只负责保证女孩衣食无忧或是把女孩照顾得无微不至，而是能够给女孩提供很高的情绪价值。

我们小区有一个经常和我女儿一起玩的女孩，已经8岁了。她很喜欢语文，可是最近一次考试，因为作文没有写完考砸了，她整个人郁郁寡欢。爸爸发现女儿心情不好，于是写了一封信给她：

宝贝，你是不是因为语文成绩不理想所以心情不好呀？千万不

要在意！作文没写完这件事不能全怪你，我和妈妈也有责任，没在考前提醒你。你千万不要灰心呀！你一定要相信自己，在爸爸妈妈心里你是最棒的！

　　温柔鼓励的话语，配上全家点赞图，简直太暖心了。果然，女孩看完信后，一扫阴霾，第二天开开心心地去上学了。我想，这个小女孩真的很幸运，因为她拥有一对能提供高情绪价值的父母。他们用暖心的爱和温柔的鼓励，给女孩的内心注入了一股力量。

　　积极、正面的情绪，是一个家庭和谐的密钥。情绪价值越高的父母，越容易养出乐观、自信、优秀的女孩。

　　日本作家黑柳彻子曾根据自己的亲身经历写出了畅销书《窗边的小豆豆》。书中的小豆豆是老师眼中的"问题小孩"：她上课时不停地把文具从桌子里拿出来又放进去，弄得桌子啪嗒啪嗒响；当其他孩子认真听讲时，她却总是跑到窗边看风景，有时还会跟屋檐下的小鸟聊天……这一系列调皮的举动让老师忍无可忍，于是老师对小豆豆的妈妈说："你把她领走吧。"

　　对于一般的家庭来说，孩子被退学，父母一定又生气又羞愧，但小豆豆的妈妈为了保护女儿的自尊心，并没有打骂她。

　　不仅如此，妈妈还试着了解女儿的内心世界，毅然将小豆豆送进一所很不起眼、全校只有50多人的私立学校——巴学园。在这里，老师和校长会尊重并包容每一个孩子的天性，帮助他们成为更好的自己。

也正因为有这样的妈妈和师长，曾经的"问题小孩"小豆豆逐渐找到了适合自己的方向，成功当上了日本历史上第一位电视女主持人，后来还被任命为联合国儿童基金会亲善大使，这也是亚洲人第一次获此殊荣。

作为女孩的父母，我们能做的就是，在她失落时给予她一个温暖的拥抱，在她失败时给予她一些安慰和鼓励，在她进步时给予她一句真诚的赞美，在她感到委屈时给予她不离不弃的陪伴……

父母只有托住女孩的情绪，接纳女孩的感受，才能让她获得爱和安全感，拥有一往无前的信心和勇气。

为人父母，我们总想把最好的东西给孩子。其实，做一对能提供高情绪价值的父母，就是我们给孩子的最珍贵的礼物。因为它能让孩子有机会领悟到幸福和勇敢的秘密，这是人世间顶好的东西了。希望每对父母都可以稳稳"接住"女孩的情绪，给女孩一个充满爱、温暖与自由的童年，这会成为女孩一生的力量源泉。

⸜ 妈妈养育心法 ⸝

很多时候，比起大道理，孩子更需要的其实是父母正向的情绪价值。在女儿成长的过程中，我们多给她提供情绪上的支持，才能让真正的爱在家庭中"流动"起来，从而更好地滋养女儿。具体来说，想要给女儿提供有效的情绪价值，我们可以参考以下做法。

❶ 聊天时，多倾听，少说话，不急于批评，不急于反驳。我们要在安静的倾听中，理解女儿的想法，看见她身上的闪光点。

❷ 相处时，多夸赞，少贬损。多用具体的、诚恳的、细腻的语言肯定女儿，她才能建立稳定的自信心。

❸ 沟通时，多支持，少打击。我们应以和善、坚定、尊重的态度，和女儿站在一边，让她觉得被爱、被理解。

❹ 陪伴时，专注多一些，分心少一些。父母的陪伴永远是孩子童年最好的礼物，尤其是养育女儿的家庭。我们要学会放下手机，高质量地陪伴她，尝试和她一起读书、运动、旅行等。

❺ 外出时，多包容，少内耗。出门在外，我们一定要学会控制自己的情绪，凡事多包容，遇到矛盾多沟通。再大的困难也能大事化小，小事化了。让女儿感受到我们稳定的情绪，这样她自己的内心才能更强大。

和女孩沟通，
切记"三要三不要"

我曾在书里看过这样一个故事：一个专门研究人际沟通的咨询师把前来咨询的家长分成两组，每组成员的任务相同，即在纸上写下和他人发生冲突时会说的话；不同的是，咨询师给其中一组设定的与他们发生冲突的人是他们的孩子，给另一组设定的则是他们的邻居。

结果显示：如果吵架对象是自己的孩子，家长说出来的话常常缺少尊重和同理心；而如果吵架对象是自己的邻居，大部分家长表现得较为克制。

在生活中，我们经常会这样：当和朋友聊天时，我们语气温和，轻声细语；当和领导沟通时，我们前思后想，字斟句酌；而唯独面对孩子时，我们总是高高在上，说出的话要么是指责讽刺的，要么是挖苦贬低的，不知不觉间就伤了孩子。

01

在和孩子，尤其是和女孩沟通的过程中，以下4种方式是父母爱用的，却是女孩反感的。

第一种，指令式。

一个做家庭咨询的朋友曾半开玩笑地和我说："做了那么多次咨询，我发现'赶紧起''快点吃''抓紧学''早点睡'这4句话让女孩很反感，它们就像车载音响中的固定歌单，在很多家庭里循环播放。父母觉得这些话稀松平常，但对于女孩来说却很煎熬。因为除了父母紧绷的情绪外，女孩感受到的还有无法抗拒的控制欲。

一次，我看到女儿吃完饭，坐在沙发上刷手机，半天不动弹。于是，我气不打一处来，吼了一声："玩什么玩！赶快去写作业！"没想到，女儿不仅不听，还故意跟我唱反调，说："我就不！"我们俩针尖对麦芒，当场吵了起来。后来女儿告诉我，她当时本来是想去写作业的，但听到我命令的语气后，瞬间就表现出叛逆的姿态。

不容反驳的指令式表达，映射到女孩的内心，往往会激发她们的厌烦情绪，继而让她们做出更叛逆的行为。

更重要的是，女孩会在生活中不断地学习。如果在亲子关系里，女孩习得的是"服从思维"，成年之后，她和别人相处时，也很容易走向两个极端——过于顺从或者极度强势。

第二种，反问式。

知乎上有个提问：什么是低情商的表达？在众多回答中，有一条是"喜欢用反问句"。在这条回答下面，很多人表示自己也有"同款妈"，每次听到这样的话，内心都很不舒服。

从心理学的角度看，反问句往往具有极强的攻击性，里面暗含的是指责、轻蔑和嘲讽。它在伤害女孩的同时，也强化了女孩的心理防御，使得父母与女孩渐行渐远。

第三种，否定式。

央视某节目曾经采访过一个女孩，大学毕业后她就没出去工作过，一直在家啃老，直到33岁。

曾经的她也是个有理想、有追求的女孩。然而，在父母的贬低中，她对未来的憧憬被一点点消磨殆尽。她亲手设计了鞋子，兴致勃勃拿给父母看，父母却说："有啥用啊！"她想要创业，父母只是戏谑道："你要是能成事，我给你跪下！"在父母长期的语言暴力下，她便真的朝着父母口中糟糕的样子狂奔而去，变得越来越怯懦、自卑，到后来一事无成。

第四种，"马后炮"式。

"你看看，我早就跟你说了吧！"

"我当初和你说，你不听，现在知道了吧！"

如果问一个成年人，最讨厌别人说什么，"马后炮"式的言论一定在列。对于女孩来说，听到这类话，内心也同样反感。

有位沟通专家在总结育儿经验时曾说："每当我想让他们后悔没按照我的要求做事时，他们就会让我后悔自己刚才的做法。"

事实也的确如此。

那天去表姐家，刚走到她家门口，我就听到一阵数落声："让你多穿点你不听，感冒了吧！就让你难受着！我可不管你。"当然表姐是刀子嘴豆腐心，她一边说一边换衣服，准备带外甥女去诊所。但外甥女说什么也不去，红着小脸在沙发上呆坐着，只说要等爸爸回来。

感受会进入我们的潜意识，影响我们的思考。为什么那么多口口声声说爱女儿的父母，教育出来的却是个"问题少女"？原因就在这里——满心都是女儿的他们，却选了最糟糕的方式来表达爱。

前段时间，我的一个朋友在朋友圈里分享了一件小事。她家8岁的大女儿最近总是跟父母顶嘴，有时候甚至有些胡搅蛮缠。有一天吃晚饭的时候，爸爸让她多吃蔬菜，女儿生气地撂下筷子，把自己关在卧室里不出来了。

这一次，朋友没有急着责怪女儿，而是等她的情绪平复后才轻声问："宝贝，爸爸妈妈最近有点忙，可能忽略了你的感受，你能跟妈妈讲讲，最近怎么了吗？"此话一出，女儿眼圈顿时红了，委屈地说道："爸爸最近每天回家都很晚，回来了就知道玩手机，我跟他说什么他都听不到，还总是批评我，我说什么他都认为我在顶嘴……"

孩子不良行为的背后，往往藏着他们最真实的诉求。没有孩子喜欢总爱彰显权威、控制欲强的父母。命令、责怪、否定……这些让孩子反感的表达里，恰恰藏着这样一种姿态——试图让孩子按照父母的想法去做。

记得《非暴力沟通》中有这样一句话：当我们有意识地不要求他人做我们想要的事，而是努力地互相关心、彼此尊重，让双方都认识到他们的需要非常重要，他们的需要和对方的幸福是相互依赖的——此时，那些看起来没法解决的争端很容易就解决了。

基于此，我总结出来3条表达原则，帮助父母心平气和地和女孩说话。

首先，放下"你应该"，尊重女孩的需求；其次，放下惩罚羞辱，允许女孩有真实的内心感受；最后，放下父母的权威，适当地妥协让步。

很多父母遵循着这样一种惯性思维：斥责孩子，让孩子难受，孩子就会长记性。的确，这样做短期内会有立竿见影的效果。但是多年后，留在孩子心里的却只有严厉的责备。唯有让孩子感觉到被尊重和理解，他们才有机会看到自己内在的光，并成为照亮周围世界的光。

我曾在一本讲教育的书里看到过这样一段话：每当你问自己"我怎么做才能让孩子做某件事"的时候，你要告诉自己——方向错了。更有效的问题应该是"我怎么做才能鼓励孩子，积极主动地解决问题"。想让孩子切实感受到你的助力而不是控制，父母在表达时，注意多用以下几种方式。

首先，不用"你"，而用带"我"的客观描述性语言。

如果用心体会情绪，就会发现，面对孩子，我们表达愤怒时，脱口而出的第一个字常常是"你"。"你快点吧！""你还知道错呀？"这类评价性质的话就像尖锐的匕首，直直地扎在孩子心上，让他们本能地抗拒。

其实在和女孩沟通的过程中，我们可以试着把"你"换成"我"，把评价换成客观描述——描述你所看到的，例如 "我看见你房间的垃圾桶满了，宝贝""我注意到你的书桌已经两个星期没有收拾了"。或者也可以描述你感受到的，例如 "你之前给妈妈讲的你同桌的趣事，妈妈每次想起来都很想笑""你送妈妈的母亲节礼物，让妈妈觉得很幸福"。

有研究表明，当孩子了解了客观事实时，就能做出相对合理的选择，其判断水平和成年人不相上下。

其次，不下指令，而是给选择。

《如何说孩子才会听 怎么听孩子才肯说》的作者认为，和孩子商量，不是让父母事事与孩子商量，把一切都丢给孩子决定，而是在大事上父母把握方向，小事上多让孩子参与。

在生活中，父母可以尝试让孩子多做选择题，这样既可以让自己在大方向上把握主导权，又可以让孩子感受自己做主的力量，维护他们的自尊。比如，你不要说"别打扰我，你就不能安静点吗"，而应该说"妈妈想先打完电话，你可以把想对妈妈说的话写下来，或者先告诉爸爸"。

孩子抗拒的从来都不是顺从父母的要求，而是无论何时，他们都只有一个选择，他们必须顺从一个被父母框定好了的答案。

最后，不抱怨、不责怪，而是直接提出请求。

闺蜜在朋友圈分享过一个故事。有一回，她和女儿一起去旅行。早上她在着急忙慌地收拾东西，女儿却在全神贯注地看电视，等到她们要出发时，她的女儿都没来得及洗漱和吃早饭。她有些生气，板着脸不理女儿，但后来转念一想，对女儿说："妈妈知道，平时在家里，你看电视的时间有限，现在你想多看一会，我也挺理解的，不过，咱们出门在外，我也需要你的帮助。接下来的这几天，你可以配合一下妈妈，把自己的事情先打理清楚再看电视吗？"听到妈妈这么理解自己，女儿很开心地点头答应，后面几天始终没忘记帮忙。

孩子看到的世界和他们思考的方式与成年人不尽相同。有时候，不是他们懒或者不懂事，而是他们没有意识到自己的责任。所以，父母不妨用合适的语气直接告诉孩子，希望他们怎么做。

曾经有一位父亲参加一个研讨会，他对台上的讲师说："首先谢谢你，上完你的沟通课后，我那个星期像变了个人一样，和孩子的关系从来没有那么好。但是，这种情况也仅维持了一周，我就恢复了原样。"

可见，根深蒂固的表达习惯，靠一时半会的"猛火煮"很难改变，需要父母用一生的时间"慢火温"，才会慢慢转变。人与人之间应建立在爱的基础上，以理解和尊重的方式相互沟通，而非通过惩罚、奖励、指责等手段。这种交流方式更为自然和谐。

但是，这样的转变需要一定的觉悟和努力。转变不易，却很值得。因为父母的话里，藏着孩子未来的路。愿每一对父母都可以保持反思、涵养和耐心，和孩子一起健康成长。

✎ 妈妈养育心法 ✎

同样一句话，用不同的表达方式说出来，可能会产生截然不同的效果。会说话的父母，让女儿如沐春风；不会说话的父母，则让女儿心生寒意。因此，在和女儿沟通的过程中，我们要谨记"三要三不要"。

❶ 不要用"你"，而要用带"我"的客观描述性语言。我们可以试着把"你"换成"我"，直接说出我们观察到的事实，而不是带有我们主观性的评价。

❷ 不要下指令，而要给选择。平日里，我们只要把握好大方向就够了，至于日常小事，可以多给女儿一些选择，让她自己做决定。

❸ 不要抱怨和责怪，而要直接提出请求。抱怨、责怪并不能让我们的女儿变得更好，反而是在她稚嫩的心灵上投毒，与其这样，不如直接提出请求。需要注意的是，你提出的请求越具体越好。

4条沟通法则，
让你和青春期的女孩无话不谈

凌晨2点多，我收到了堂嫂一条长长的微信语音消息。

侄女已经上初二了，母女两人的关系最近愈加紧张，通常说不过3句话就会大吵一架，或者女儿单方面对她使用"冷暴力"。这次，两人因为"睡前是不是要喝一杯牛奶"闹得不欢而散。堂嫂躺在床上辗转难眠，把台灯关了又开，开了又关，内心无比焦躁。

她问我："孩子到了青春期，真的没办法好好说话吗？"

但是在侄女那边，我却听到了另一个版本。侄女说："不是我不想好好跟她说，而是我真的很烦她动不动就讲那些大道理。我不顺着她的意思，她就开始道德绑架我，用'我是你妈，我都是为你好'来让我听她的话；放学回家稍微晚一点，她就开始刨根问底，我说真话，她还不信。那还有什么可说的。"

在她们身上，我看到了很多父母和女孩的缩影。很多父母和女孩的沟通总结起来就两种方式：要么审问，要么唠叨。但女孩到了青春期，需要的是父母的引导，而不是质疑和说教。

英国牛津大学高级研究员约翰·科尔曼教授说："和青少年对话并不容易，这和跟朋友聊天不太一样。你要乐于退一步，跟着青少年的暗示走。"

想要和青春期的女孩"有话可说"，不妨用下面这4条沟通法则。

第一条法则，"自己人效应"。

心理学教授贺岭峰有个观点：家长想多了解孩子，就得多暴露自己；家长暴露自己越多，孩子暴露自己也会越多。

在青春期女孩的眼中，只有和她始终站在一起的父母，才值得被信任。这在心理学上叫作"自己人效应"（也称同体效应）。

所谓"自己人"，是指依据一定规则被归为自己在某一方面的同一类人。"自己人效应"则是指一个人对"自己人"所说的话更信赖、更容易接受。

之前网上有家长提出疑问：青春期的孩子，要怎样才会好好地、主动地跟父母沟通？

有个回答说："当我把你当成自己人的时候。"

青春期的女孩不喜欢听大道理。如果我们想让她接受我们的观点和教育，首先要"加入"她的圈子，成为她的"闺蜜"。我们可以适当"暴露自己"，比如当女儿叛逆时，多说："我曾经也和你一样……"另外，和女儿谈话时，多用"我们……"，而不是居高临下地指责："你怎么又这样……"我们还要试着对女儿学习以外的事情感兴趣，和她聊聊生活、朋友、喜欢的事物，善于找共同话题。

只有把孩子放在和自己平等的位置，获得孩子的信任，成为孩子的"自己人"，教育才能行之有效。

第二条法则，"安全阀效应"。

记得在网上看到过这样一句话：以说服对方为目的的沟通，哪怕看起来再心平气和，也很容易把人的情绪逼到死角。

很多时候，我们与孩子的沟通是出于关心和爱，但我们往往会忽略孩子的情绪。情绪往往会成为沟通的障碍。如果我们一味说教，只会让沟通失衡，导致孩子产生不满的情绪。只有消除孩子的负面情绪，沟通才会重新达到平衡。

如同心理学上的"安全阀效应"一样：一个人的负面情绪如果没有及时宣泄，就会不断激化他与别人的矛盾，然后在某一天这个人就会爆发；相反，负面情绪宣泄出来，才能缓解矛盾和压力。

青春期的女孩虽然在生理上已经有大人的样子了，但是心理并不成熟，加上体内激素的变化，很多时候她并不懂得如何疏导、发泄自己的情绪。这个时候比起说教，关注女孩的情绪问题才是最重要的。

作为青春期女孩的父母，我们应该多注意以下几点。

❶ 理解女儿的压力，包括学习压力、社交压力等。

❷ 学会倾听，学会闭嘴，给女儿倾诉的机会。

❸ 如果女儿不愿面对面沟通，我们可以给她写信，让她知道爸爸妈妈永远都在。

女儿把话说完了，感受到了我们的支持，心理压力也就得到了释放。这个时候我们再进行下一步的沟通，效果就会好很多。

第三条法则，"南风效应"。

很多时候，温和的沟通方式要比冷酷严肃的沟通方式更能被人们接受。试想一下，如果上级跟你说："你这个方案简直太糟糕了！"或者说："你的想法挺好的，但是我觉得还有值得改进的地方，比如这里……"同样是批评，这两句话你更能接受哪一句？

对于青春期的女孩来说，高自尊、高敏感的她们比大人更难接受他人的批评和指责。硬碰硬只会两败俱伤，父母只有以柔克刚才能走进女孩的心房。

一位在初中当班主任的朋友跟我分享过一件事。某次家长会结束后，有位妈妈跟她抱怨自己的女儿不好管教，整天回到家也不吭声，跟她说话也不搭理。女儿的态度让这位妈妈既恼怒，又束手无策，所以只好来求助她。但在她的印象里，这个女孩是一个十分外向、健谈的人，就连跟她这个班主任也能有说有笑。家长会后，她找机会和女孩聊起了这件事。女孩直接告诉她："我妈妈根本就不关心我，每次不是质问就是说教，我也很烦、很生气啊！"放学回家晚了一点，妈妈上来就质问她上哪儿鬼混去了；考试成绩稍微差一点，妈妈就说现在不好好学习以后没什么出路；周末想和朋友出去玩，妈妈就说她整日只顾着玩，也不知道学习。女孩虽然知道妈妈是为了她好，但是这种说话的方式和态度真的让她十分抗拒。

青春期的女孩通常吃软不吃硬。倘若我们一味地指责命令她，只会引起她的反感，让她化身"行动杠精"——你越不让她做什么，她就越要做什么。想要和女孩好好沟通，父母先要做到语气软、态度软，与女孩维持良好的亲子关系。亲子关系和谐亲密，女孩才会愿意主动打开心房，听从父母的建议和教育。

第四条法则，"好心情效应"。

心理学家曾在一个电话亭里做过一个实验。实验分为两个阶段：第一个阶段，他们在电话亭里放一枚10美分的硬币；第二个阶段，他们什么都不放。

当有人打完电话正准备从电话亭出来，心理学家就抱着一堆书从那个人面前经过，并故意把书掉到地上。结果显示：在电话亭里捡到钱的人中，90%会主动帮忙捡书；而没有捡到钱的人中，仅有5%会主动帮忙。

这就是心理学上所说的"好心情效应"。当人们心情好的时候，他们会透过"美好"来看这个世界，无论做什么都更积极主动。

在与女孩的沟通上，这个效应也同样适用。青春期的女孩敏感、易怒，情绪不稳定。很多时候，父母和女孩聊天时，明明没说什么过分的话，但是女孩莫名其妙就发火，亲子间总是火花四溅。归根结底，就是沟通的时机不对。女孩心情不好时，对任何事物都表现得很消极，充满抵触，这时候父母硬要和她讲道理，只会让女孩觉得烦闷和抗拒。女孩心情好时，她会觉得无比轻松愉悦，这时候父母只要不泼冷水，女孩大概率能把话听进去。

《为什么我的青春期孩子不和我说话》一书中就提到这样一个案例：一位妈妈发现女儿回到家就把书包扔到一边，脸色很臭，整个人看起来特别暴躁。她想知道发生了什么事，想和女儿聊聊，所以她把女儿喊了过来。但是她没有单刀直入，而是先跟女儿开了一些小玩笑，把女儿逗笑了再和她聊天。如果女儿实在没有什么心情，她就会等女儿心情好了，脸上有笑容了，再和她沟通。就这样，她和女儿的沟通鲜少会出现障碍或冲突。

这就是因为人心情好的时候，对之前很多不想做的事、不想听的话也会选择接受。想要孩子好好说、好好听，父母就要学着看孩子的"脸色"。当发现孩子板着脸或满脸忧愁的时候，我们不要张口就质问，而是应该轻声地问："你怎么了？发生什么事了吗？"当看到孩子满脸喜色时，我们也不要给孩子泼冷水，可以笑着调侃："这么开心，也跟我说说，让我开心开心吧！"

作家麦家曾经说过，陪伴青春期的孩子，说得难听一点，就像陪伴一头老虎，你得小心翼翼。察言观色，这也是父母的一堂必修课。

青春期，是女孩一生中最关键的时期，需要我们调整心态，改变认知，多一点耐心，多一点容忍，多一点让步。不要因为女孩的沉默就步步紧逼，也不要因为女孩的暴躁而破口大骂。在女孩人生最摇摆不定的这几年中，希望我们都能成为女孩无话不谈的朋友。

妈妈养育心法

青春期的女孩在生理和心理上都发生着巨大的变化，这些转变会使她变得敏感、脆弱、暴躁易怒。作为父母，这时候我们要做的不是硬碰硬，而是用智慧架起一座名为"沟通"的桥梁。

❶ 保持沟通渠道的畅通。鼓励女儿随时与我们沟通，让她知道无论何时，我们都会支持、陪伴她。

❷ 用分享经验的方式给予女儿建议。我们可以分享自己在青春期时的经历和感受，让她知道她并不孤单，其实每个青春期的女孩都有过相似的经历。

❸ 多关注女儿的兴趣爱好。平日里，我们可以尝试多了解女儿的兴趣爱好，参与她的日常生活，这样做有助于增进彼此的了解，让女儿不抵触跟我们对话。

❹ 保持耐心。青春期的女孩情绪波动较大，我们需要保持耐心，不要因为一时的争吵而放弃沟通。

❺ 多给予女儿尊重。在沟通的过程中，我们要尊重女儿的个性和独立性，不要轻视她的想法。即使不完全同意她的观点，我们也要表达出对她的尊重。

这4招，
让叛逆女儿变成贴心小棉袄

都说女儿是妈妈的小棉袄，我却一度以为，我的女儿是来讨债的。她以前还算温顺乖巧，可自打上了五年级，她的脾气就越来越犟。她经常用零花钱偷偷买垃圾食品，然后偷偷躲在房间或者在外面吃。有一次被我看到了，我批评了她几句，她说："你还时不时吃外卖呢，有什么资格让我戒掉垃圾食品？"这之后，她直接当着我的面吃，怎么说都无动于衷。

有一天她放学回家，我随口一问："今天作业多吗？别又磨蹭到11点。"她立马怼回来："作业作业，你一天天就知道作业！"

我们俩只要一交流，空气中就弥漫着一股火药味。到后来，每天放学回家，女儿都把自己关在屋子里，除了吃饭，其他时间几乎就不出房门。

思来想去，我觉得这样下去实在不是办法。为了跟女儿和平相处，我开始听各种专家课，读心理学和教育学图书。我恍然大悟——原来我和女儿的沟通方式出了问题。半年的时间里，我反复推敲、认真学习，并将所学付诸实践。慢慢地，我和女儿的关系有所缓和。我想，这一定是因为我把从课程和书里学到的4种沟通方式运用到了实践中。

从前的我在和女儿沟通时，总是想到什么就立马说什么，完全不顾女儿的感受，以前没有想到女孩普遍自尊心比较强，也更敏感、情绪化。现在我才意识到，遇到问题时，父母要懂得运用共情式沟通，也就是站在孩子的立场，设身处地去理解孩子的情绪、感受和想法，然后帮孩子找到问题的根源。

有一次，女儿在研究一道数学题，整整两小时没有做出来，她在桌子前愁容满面。

我注意到之后走了过去，问她："宝贝，怎么了？"女儿看到是我后，翻了个白眼，没说话。我装作没看见，拿起女儿的作业本认真分析："让妈妈看看你的题，你还别说，对于六年级的孩子来说，这道题确实挺难的。其实妈妈小时候数学特别差，鸡兔同笼问题学了半个月才学会，你比我强多了。你别着急，咱们慢慢来。"

女儿听后，很意外地看了我一眼，轻轻地"嗯"了一声。我知道，我的沟通方法开始奏效了。

之后的一天晚上，女儿情绪特别低落，还跟我说明天不想上学了。

我问了半天，她才吞吞吐吐地告诉我，班上几个男生给她起了一个绰号，她感觉很难受。我听到后，温柔地拍拍她："原来是这样，妈妈以前也被同学起过绰号，那滋味真的不好受，我特别理解你。没关系，不想上学咱就不上，在家好好休息一天。你要是想解决这个问题，妈妈现在就给老师打电话说明情况。你自己选，不管怎样，妈妈都会支持你。"

女儿回屋纠结了半天，最后选择让我给老师打电话，彻底把这件事情解决了。

只有父母站在孩子的立场、看到孩子的情绪、关注孩子的感受时，孩子才能感觉到被爱，才能在亲子关系里体会到温暖。

我曾经有个坏习惯，那就是女儿但凡犯了什么错误，我一定会抓住机会，好好训斥她一通，好让她长记性。可后来我才明白，动不动就指责孩子，不仅会让孩子敏感脆弱的内心更加受伤，还会刺激孩子，让他越来越叛逆。

所以，当孩子犯错时，我们不妨尝试一下"教练式沟通"。这个方法的要点是先倾听后提问，用提问的方式去引导对方进行思考。这样做不会让对方感到被指责，也不会令人反感。

六年级正是小升初的关键期。但令人苦恼的是，我的女儿迷上了追星，她不仅关心偶像的所有动态信息，还会熬夜为偶像打榜投票，耗费了大量时间和精力。我看在眼里，急在心里。

有一天，我看女儿吃饭时还在为偶像投票，便温和地跟她聊了起来："你为什么喜欢××啊？"女儿开始如数家珍："因为他长得帅，业务能力也强，性格也很温柔，还很有素养……"我附和道："确实很优秀呀！宝贝，你有没有想过自己要成为什么样的人呢？"女儿愕然，想了一下说："我也想成为他那样优秀的人。"

我又接着说："成为××这样的人可不容易呢，一定要从小就开始努力，你说呢？"

女儿不说话了，陷入了沉思。没过几天，女儿果然不再像之前那么疯狂了，而是慢慢把更多的时间花在学习上。

某天放学之后，女儿忽然跟我说，她想养一只小狗。我下意识地准备说："养什么养，养你一个就够累了。"但话到嘴边我又收回去了。我假装淡定地问她："咦，宝贝你怎么忽然想要养狗了？"

女儿解释说："因为今天小云给我看了她家小狗的照片，太可爱了，我也想养一只！"

我说："养是可以养，不过养狗没有你想的那么简单，你要自己负责早晚遛狗，还要给它洗澡，捡屎擦尿，可以吗？"

女儿听后，眉毛拧成了一团，脸上写满了抗拒。我连忙趁热打铁："你要是实在想跟小狗玩的话，妈妈周末带你去狗咖怎么样？"女儿听完，愉快地接受了我的建议。

一个很容易引起亲子矛盾的话题，就这样被我化解了。

心理学家简·内尔森（也译为简·尼尔森）说过一句话："孩子只有在一种和善而坚定的气氛中，才能培养出自律、责任感、合作以及自己解决问题的能力。"我和女儿的关系之所以变僵，大约就是因为我经常用控制和命令的语气把气氛变得紧张，把关系变得对立。和孩子沟通时，创造一种松弛的氛围很关键。

寒假的时候，我们全家决定去三亚游玩。出发的前一天晚上，我特意嘱咐女儿带好身份证，结果当天到了机场，女儿找了半天，小心翼翼地告诉我她还是忘带了身份证。要是放在以前，我可能当场就气炸了。但这次，我一遍遍深呼吸，不停地劝告自己，事情已经发生了，再怎么埋怨女儿也于事无补。

于是，我对女儿说："没关系，当务之急是知道要怎么解决这个问题，咱们去问问工作人员怎么补救吧。"那一刻，我在她的眼里看到了感激和放松。后来，我们在机场帮女儿申领了临时身份证明，成功登了机，这趟旅程也特别愉快。

有一次，女儿平日特别擅长的语文没考好，只得了66分。她回到家，犹豫了半天才把卷子递给我签字，满脸都是忐忑。我看了一眼卷子，轻松地说："这么难的题能考60多分很了不起了，我们晚上去吃火锅吧！"

女儿满脸不理解："为什么呀？"

我微笑地看着她："为了庆祝你第一次考60多分，解锁人生新体验啊！"

女儿不好意思地笑了。那一刻，我在她的眼里看到了信任和感动。

其实，松弛式沟通就是用温柔的话语向孩子传达爱、信任和接纳，从而让孩子的内心充满安全感。

我见过很多长大后自卑、不幸福，甚至与父母决裂的女孩，我发现她们都有一个共同点，就是没有被父母认可过。其实，女孩的人生总是承载着更多苛刻的审视，她们渴望被认可，渴望被看到。父母的鼓励和肯定，是女孩成长的"养料"，更是增进亲子关系的"灵丹妙药"。

某天吃完晚饭，女儿破天荒地喊我出去散步。她扭捏地说："妈，我们班要组织班干部选举，我想竞选文艺委员。"

我说："这很好呀，妈妈支持你！"

女儿说："可是我没什么才艺，也没什么优势，我真的能行吗？"

我说："宝贝，首先你能有参加竞选的想法，就已经比妈妈棒了，想当初妈妈上学的时候，连报名都不敢呢！还有，谁说你没有优势？你自信、阳光、乐于助人，人缘又好，这还不算优势吗？"

女儿听闻，眼睛都变亮了，使劲点了点头。

后来，女儿虽然没有当选文艺委员，但是成功展示了自己，被选为组织委员，我们全家都为她感到开心。

多给予肯定和鼓励，你会收获一个不一样的女儿。

如今，女儿已经成功升入初中，我们的关系也越来越亲密了。我们会一起聊天，分享彼此的生活感悟，她还会跟我讲自己的少女心事，完全把我当作闺蜜了。

经过这一年多的学习和改变，我也明白了一个道理：每一个孩子，都是站在父母的舌尖上舞蹈。父母只有常说"良言妙语"，才能赢得孩子的信任，才会让孩子愿意靠近你。希望每位父母都能用心修炼语言的艺术，只有这样，我们跟孩子的关系才会在爱的滋养中得以升华。

∴ 妈妈养育心法 ∴

与青春期的女孩相处，最有效的沟通方式不是批评、贬低，而是
"教练式沟通"，站在她的角度去看待问题，消除误会和嫌隙，拉
近亲子之间的距离，让她重新化身贴心小棉袄。

❶ 全神贯注地倾听女儿说话，不要打断她。我们可以通过点头、眼
神接触等来表明自己在认真听。

❷ 使用开放式问题，避免问是非题或封闭式问题。比如，我们可以
问："你觉得完成作业有什么困难吗？"用这样的方式来鼓励女
儿思考和表达。

❸ 和女儿一起探索解决方案。多鼓励女儿自己提出解决问题的方
法，比如："你认为有哪些方法可以帮助你解决这个问题？"或
者"你遇到类似的问题时是怎么解决的？"

❹ 多提供支持，包括帮助她解决问题。如果她需要帮助，我们要提
供必要的支持，但不要代替她完成任务，比如，我们可以说：
"如果你需要帮助，我们可以一起查找资料。"

❺ 多鼓励女儿。当女儿取得进步或达成目标时，我们要给予认可和
鼓励，比如："我发现你最近数学有很大的进步，你是怎么做
到的？"

第2章

性格养成心法

把握这4个黄金阶段，
养出自信独立的女孩

最近，闺蜜总跟我抱怨自己的儿子是个"混世魔王"，太难教了，还一脸羡慕地对我说："还是养女儿好啊，不用怎么费心。"这句话简直扎心，因为家有女儿的人都知道，想养好一个女孩，一点也不容易！

澳大利亚家庭问题专家史蒂夫·比达尔夫就曾表示：从大脑结构来看，女孩的情绪更为复杂；从大脑发育的速度来看，女孩会比男孩提前6～12个月学会说完整的句子、写字等；从成长阶段来看，女孩会比男孩早两年进入青春期。同时，女孩在不同年龄段的表现和需求也不同，所以在不同的阶段，父母需要用不同的方式去教育和引导。女孩成长的4个黄金阶段，父母早一点了解，才能养出一个幸福且自信的女孩。

01

在第一阶段（婴儿期），为女孩建立安全感。

某亲子类综艺节目的嘉宾中有一个小女孩，从很小的时候起，父母就没在她的身边，她和父母每年见面的次数屈指可数。她好不容易盼到了过年时和父母团聚，那一刻她不知道期盼了多久。所以不管父母说什么，她都会开心地笑；不管父母去哪里，她都会紧紧跟在他们后面，像个"小尾巴"。其实，她只是害怕被丢下，要知道，一个极度缺乏安全感的孩子的内心永远充满不安和焦虑。

美国心理学家哈里·哈洛等人曾经做过一项名为"恒河猴实验"的经典研究。他们将刚出生不久的猴宝宝和猴妈妈分开，然后在笼子里放入两个假妈妈：一个是由铁丝制成、胸前有奶瓶的"妈妈"，另一个是由绒布制成、没有奶瓶的布猴"妈妈"。实验结果显示：幼猴除了饿的时候会找奶喝，其余大部分时间会和布猴"妈妈"待在一起；幼猴在受到惊吓时，也会第一时间向柔软的布猴"妈妈"寻求保护。这表明灵长类动物对亲密接触的需求比单纯的生存需求更为强烈。之后，专家们一直跟踪研究这些猴子直到它们长大，于是专家们发现了不可思议的现象：那些被假妈妈喂养大的猴子，重新回到猴群以后，都变得孤僻且自闭，表现尤其明显的是母猴。这也完全证实了依恋行为和亲密关系对灵长类动物的重要性。这个实验结果也强调了早期依恋关系对儿童情感和社会发展的重要性，对儿童抚养和教育产生了深远影响。

心理学家埃里克松在研究儿童人格发展时也指出："安全感并不是天生的，安全感建立在孩子幼年时期，特别是在孩子3岁前。"而对于女孩而言，安全感是所有教育的基础。安全感的缺失，也会让女孩在未来的成长路上失去最重要的养分。

李玫瑾教授就曾强调过，对于3岁以内（尤其是1岁以内）的婴幼儿，应该保证有1到2个固定的抚养人，而不应该总是变换照看者。所以，3岁前，请尽量把自己的女儿带在身边，多给她一些关注和回应，让她感受到父母的爱和温暖，为她的情绪和性格养成打好基础。

只有得到父母充分关爱的女孩，才会永远相信自己是值得被爱的，自己的身后是有怀抱的，才能更好地独立生活，充满底气，勇往直前。

在第二阶段（学龄前期），保护女孩的好奇心。

女孩到了这个阶段，总会有强烈的好奇心、探索欲，开始对周围的世界产生兴趣，但这时候父母容易走入一个误区——给予女孩过多的保护和限制。

一次，我们出去野餐，在野餐垫旁边，忽然飞来一只小鸟。女儿很好奇，想走过去看。可草地上坑坑洼洼，还有不少石头，我怕她会摔倒磕伤，就不准她去。她很小心地缩了回去，有点失望，又无可奈何。平常她喜欢和小区里的小朋友一起跑跑跳跳，我每次都会忍不住阻止她，生怕她受伤。

渐渐地，女儿变得文静乖巧，同时也变得越来越依赖我，性格也越来越怯懦。她一遇到事情，第一反应就是退缩。这时候我才意识到，我们阻止女孩探索的做法，看似是一种保护，其实是禁锢女孩的枷锁。我们的这种养育态度，在潜移默化中变成了女孩对自我的一种暗示，让她不自觉地进行"自我束缚"，与此同时，女孩的无限种性格、人生的无限种可能，都难以发展。

《培养高情商女孩》一书中写道："即使只有两岁，女孩也会受到社会的许多限制。我们的责任是鼓励女孩要有冒险精神、要勇敢，帮助她们保持天然的个性。对那些妄图偷走她们童年的力量，我们要毫不犹豫地抵制。"

女孩的世界同样需要自由探索和无限可能。她渴望接触新鲜事物，拓宽视野。作为父母，我们首先应该关注女孩的兴趣和需求，而非局限于性别的刻板印象。当她热爱汽车、火箭和奥特曼，父母可以多与她讨论这些"男孩"的话题；同时，父母也应该鼓励女孩在大自然中尽情奔跑嬉戏。只有让女孩经历探索、尝试和挑战，她才能在不断试错的过程中成长，逐渐变得强大和自信。

在第三阶段（学龄期），培养女孩的社交自信。

记得我女儿小时候，曾一度不善交际，在幼儿园总是自己孤零零坐在旁边，看着其他的小朋友凑在一起做游戏。有时候，女儿也会鼓起勇气寻求加入，可大多数情况下，别的小朋友并不理会她。

有一次去接女儿放学，女儿一见到我就大哭起来："妈妈，小朋友们都不愿意跟我玩，我不想来幼儿园了。"

社交挫折是许多女孩成长过程中难以避免的挑战。正如《养育女儿》一书所写，学龄期是女孩社交能力发展的关键阶段。随着年龄的增长，女孩开始上学，社交圈逐渐扩大，对朋友的需求也随之增加。然而，社交问题的出现也难以避免，除了被拒绝，女孩还可能遭遇同龄人的欺凌和孤立。

在校园霸凌事件中，受害者多为女孩，这正是因为女孩的心智尚未成熟，缺乏独立处理社交冲突的能力。这时，父母的引导和帮助变得尤为重要。

对于女孩，在学龄期这个阶段，父母要做到两点。

第一，要尽早告诉女孩和他人交往的规矩和细节。比如，父母应告诉她："如果得到别人的帮助，要说'谢谢你'；如果不小心伤害了别人，要及时说'对不起'；当别人说话时，不要打断；没经过允许，不要擅自拿别人的东西。"社交能力的根基就是社交礼仪，一个礼貌大方、进退有度的女孩更容易受到别人的欢迎。

第二，当女孩遇到社交问题时，父母要适当提供一些帮助。当女孩遭遇拒绝时，请给予她一个温暖的拥抱，让她感受到尽管世界可能暂时关闭了一扇门，但她依然被无条件的爱所环绕，父母的怀抱是她最坚实的后盾。父母要让她明白，失败和挫折不过是成长路上的一小部分，她永远拥有重新站起来的力量。当女孩显露胆怯时，父母可以成为她的引路人，主动带领她参与各种社交活动，为她创造结识新朋友的机会。在这个过程中，她将逐渐学会如何与人交往，如何在人群中找到自己的位置。

社交是女孩心理成长的重要组成部分，父母在女孩的社交中扮演着至关重要的角色。我们应当是女儿最坚定的支持者，尊重她的选择，鼓励她去探索，去建立属于自己的社交网络。通过这样的支持，女孩将更加自信地面对未来的挑战，更加从容地走在成长的道路上。

在第四阶段（青春期），帮助女孩建立自我价值感。

知乎上有个话题：如何和青春期的孩子相处？在下面的回答中，有个家长用两个词——放松和帮助总结。她的女儿刚进入青春期的时候，她和女儿的关系就像火星撞地球。她生怕女儿会学坏，对女儿的管教比之前更严。女儿想和朋友一起短途旅游，她不同意；女儿想和同学去看电影，她也不同意。母女俩为此大吵一架，冷战了近一个月。就在这一个月中，她才开始意识到，女儿已经不是从前那个小女孩，而是一个开始有自己想法的大人了。于是她尝试着后退一步，给女儿一定的自由。只有在女儿需要帮助的时候，她才会给予一定的引导。没想到这样做之后，女儿不仅没有学坏，而且变得更加自信、开朗、有主见了。

　　青春期女孩所谓的"叛逆"，并非真正的反叛，而是一种探索和表达自我的方式。随着青春期的到来，女孩体内性激素的波动激发了她自我意识的觉醒。在这个关键时期，女孩开始向内探索，寻找自我，塑造自己的价值观，为将来的独立生活做准备。

　　一个拥有强烈自我价值感的女孩，在任何时刻都会保持自信，面对挑战时也能坚韧不拔；相反，缺乏自我价值感的女孩可能会陷入自卑的情绪中，习惯性地取悦他人，忽视自己的需求。

　　因此，当女孩步入青春期时，父母最应该做的，不是过度管制，而是成为她的引导者和支持者。父母应当帮助女孩拨开青春期心理变化的"迷雾"，与她共同探索成长的道路，帮助她发现并成为更好的自己。通过理解和尊重，父母可以与女孩建立起更加坚实的信任关系，为她的成长提供坚实的支持。

研究青春期的专家彼得·文森，就曾针对这个阶段的教育提出
3个建议。第一，家庭中必须有一个成年人支持孩子。第二，在家庭
外部（如学校或者社区）也应有一个成年人了解孩子，帮助孩子。
第三，要找到机会鼓励孩子，让他多做能够激发潜力的事。

归根结底，当女孩进入青春期，我们能够做的，就是给予她足
够的理解、支持和尊重。

《养育女孩》的作者史蒂夫·比达尔夫曾深刻地指出："女孩
的生存空间正在变得更加复杂和危机重重，她们的现在和将来注定
比我们的更丰富也更艰难。"

所以，为了培养一个坚强、自信的女孩，我们必须从她很小
的时候就开始努力。这意味着在她成长的不同阶段，我们需要给予
恰如其分的关爱和教育。作为父母，我们要教女孩如何处理人际关
系，如何面对挑战和失败，以及如何坚持自己的梦想，等等。只有
这样，女孩才能有足够的力量，去面对这个纷繁的世界。

妈妈养育心法

女孩在成长的每个阶段都有不同的心理特点，父母要把握好以下4个关键阶段。

❶ 在婴儿期，为女孩建立安全感。一方面，我们应尽量保证夫妻关系和谐，避免家庭暴力或争吵，为女儿提供一个温馨、稳定的成长环境；另一方面，我们应给予她充分的陪伴，深度参与她的日常生活，让她感受到父母的关爱和支持。

❷ 在学龄前期，保护女孩的好奇心。我们要多为她提供探索的机会，让她能够自由地尝试新事物。同时，当她表现出好奇心时，父母要给予积极的反馈，让她知道好奇心是一种宝贵的品质。

❸ 在学龄期，培养女孩的社交自信。我们应提前告知她和他人交往的规矩和细节。另外，当她遇到社交问题时，我们要适当提供一些帮助和支持，陪她一起解决问题。

❹ 在青春期，帮助女孩建立自我价值感。我们应保证家庭中必须有一个成年人始终支持她；在家庭外部（如学校或者社区）也有一个成年人了解她，帮助她。最重要的是，我们要多给予她鼓励，让她能够做自己真正感兴趣的事情。

妈妈的性格如何影响女儿的一生

我看过一条特别有意思的视频：国外一位妈妈心血来潮，想要模仿女儿在日常生活中做过的一些事，看看女儿会有什么样的反应。结果出乎意料。

她端着一碗麦片，突然摔倒，装作很难过地说："我把麦片撒了……"两岁的女儿赶紧跑来安慰："没关系的，你可以再来一碗，想要吗？"当她可怜兮兮地向女儿求助时，女儿看着地上脏掉的麦片，心疼地对她说："妈妈，你可以再来一碗，我去帮你拿碗吧！"女儿盛了一碗麦片给她，还不忘贴心地嘱咐她："不要再撒了哦！"

她把沾满果酱的面包片故意掉在身上，女儿却淡定地拿起面包片，看着她脏掉的衣服，温柔地提议："你可以去换件衣服。"她忐忑地询问："我还可以继续吃吗？"女儿愉悦地答道："当然，你可要抓紧吃了它哦！"说完，女儿还很宠爱地摸了摸她的脸，提醒她，"但你必须把衣服换了哦！"

她假装被玩具夹伤了手，女儿急忙跑过来，仔细地看了看她的手，很认真地说："这不用贴创可贴。"她再次询问："真的不用贴创可贴吗？"女儿不确定，又着急了起来，飞快地去找创可贴，贴心地帮她贴好，并嘱咐她一定要保护好那根手指。

她喝水呛到了，把水洒了一身，女儿无比关切地询问她："妈妈，你还好吗？"

她因玩不好玩具而急躁伤心，女儿就耐心地给她演示……

看着小女孩这么暖心、这么从容、这么有耐心，我真是太羡慕这位妈妈了！教育家苏霍姆林斯基曾说："每个瞬间，你看到孩子，也就看到了自己；你教育孩子，也就是教育自己，并检验自己的人格。"

两岁小女孩对妈妈的关心、耐心和爱心，也让我们在她的身上看到了妈妈的影子。没有妈妈的包容、仁慈和温暖，她不会在面对糟糕的事情时那么平和；没有妈妈的细心、周到和鼓励，她不会在面对意外时那么镇定。

这真应了那句话：女儿的性格好不好，看妈妈就知道。

结婚前，我爸每次吵架吵不过我时都会说一句："简直跟你妈一模一样！"那时候，我特别讨厌听到这句话，因为我一点也不喜欢我妈妈。

小时候，妈妈经常假装很在意地询问我的意见："今天吃什么呀？""喜不喜欢这件衣服？""你想学文科还是学理科？"如果我刚好说到她的心坎上，皆大欢喜；如果我跟她意见不统一，她就会跟我说一堆大道理；如果我坚持自己的意见，她就开始生气，并控诉我没良心。

妈妈总是用她自己的想法左右着我和爸爸的生活，却不准我们说她"不好"。无论她做的菜好不好吃，我和爸爸谁都不能说"不好吃"。如果我和爸爸没胃口，吃不下去，她就会一直问："你们怎么不吃呀？"如果我们直接说"太咸""太淡"或者"太腥"，她就会直接端起盘子把饭菜倒进垃圾桶里。妈妈这种霸道让我和爸爸敢怒而不敢言。我至今还清楚地记得我的一篇日记里的一句话："我绝不成为像妈妈那样的人。"

没想到，结婚后的我却打了自己的脸：我想去逛街，若老公不陪我去，我能一个星期不理他；老公喜欢穿潮牌，而我对格子衬衫情有独钟，于是我往老公的衣柜里塞满了各种各样的格子衬衫；老公开车喜欢听歌，而我喜欢安静，于是我一上车就会关掉他的音响。只要是我不喜欢的，让我不高兴的，我就不允许老公去做；只要是我想要的，想干的，无论老公同不同意，我都会一意孤行。

我经常跟老公抱怨我妈强人所难，老公也经常会在忍无可忍时丢下一句"你跟你妈有什么区别"，然后摔门而去。

网上流传着一句话：想要娶一个女孩，首先要看你能不能接受她的母亲。第一次听到这句话时，我很费解。现在想想，这句话不无道理。童话大王郑渊洁曾说："母亲的含义是影响，对孩子的影响既有先天植入，也有后天渗透，并贯穿孩子身上的每一个细胞。"在潜移默化中，妈妈的处事方式、性情特点、思维方式，会不知不觉地渗透进女儿的身体里。

真是妈妈什么样，女儿就什么样！

女儿为什么越来越像妈妈？

奥利弗·詹姆斯在《天生非此：家是如何影响我们一生的》一书里讲道，孩子为了获取父母的关注，会努力去做父母喜欢的事。孩子会模仿父母的行为，并对这种行为无限维护。小时候，"求生欲"的本能促使女儿去讨好妈妈，因为她要从妈妈那里得到称赞、宠爱和安全感。长大了，自主意识越来越强的时候，女儿在反抗妈妈的同时，也偷偷地继承了妈妈的性格。

电视剧《虎妈猫爸》里，妈妈理性、强势、爱讲大道理。女儿不吃青菜，她逼着吃；女儿不愿意自己刷牙，她把女儿关在卫生间里，不刷牙不准出来；女儿没写作业就睡觉，她硬拉着女儿起来把作业写了。她总是强硬地表示："我必须把你的这些坏习惯都改掉！"

最后，女儿虽然都照做了，但也把这种强硬的态度学会了。奶奶带她去乡下朋友家做客，朋友的孙女摘了黄瓜给她吃，她说："我不吃，全是细菌。"朋友的孙女咬了一口给她看，她竟然让人家张开嘴巴，然后直接把消毒纸巾塞了进去。爸爸给她夹青菜吃，她直接用筷子挑开，妈妈威胁她说："不吃青菜就不准吃肉！"她把筷子狠狠摔在桌上，说："不吃就不吃！"

苏霍姆林斯基说："孩子道德发展的源泉以及根本，在于母亲的智慧、情感和内心激情。"妈妈无所顾忌地强势，女儿就肆无忌惮地任性；妈妈不会换位思考，女儿也不会感同身受。

天性，让女儿讨好妈妈；而习惯，则让女儿变成妈妈。

《养育女孩》的作者史蒂夫·比达尔夫说："有一个事实是所有人都赞同的，那就是母亲的核心作用。其中的道理非常简单：母亲是女儿的榜样。如果女儿爱妈妈，她就会成为和妈妈一样的人；但如果妈妈爱女儿，妈妈就会希望她成为更好的人。

这需要妈妈自身的改变。我们想要养出一个独立、智慧、内心强大的女儿，就要把自己塑造成一个独立、智慧、内心强大的妈妈。

知名作家李筱懿为了做一个好妈妈，不仅看了各种育儿图书和纪录片，还采访了不同年龄段、不同职业的妈妈，向不同学科的老师请教。最后李筱懿发现，优秀的妈妈给出的答案极度相似：了不起的妈妈，首先是个了不起的自己。这让她想到了自己的妈妈。她的妈妈努力上进，不仅从中专一步一个台阶考到本科，还从实验员转为语文教师。从她记事开始，妈妈就手不释卷，做家务、干工作样样出色。妈妈让她佩服的同时，也驱使她不断努力，才让她有了今天的成就。

妈妈的活法，就是女儿人生的教科书，妈妈活出光亮，女儿自有力量。

妈妈必须虚心地看到自己身上的缺点，忍着"拔鳞片"的疼痛，成为女儿学习的好榜样。同样，妈妈想让女儿成为什么样的人，就要先让自己成为什么样的人。妈妈温柔灵巧，女儿就端庄贤淑；妈妈坚强勇敢，女儿就独立自信；妈妈明事理、知礼仪，女儿就识大体、懂进退。

正如史蒂夫·比达尔夫所说："你能看到你给她的童年与如今她拥有的力量和品质之间的关联，你感到骄傲，并且非常满意。当你离开，一个优秀的女人会继续生活，她还将把你教她的一切传给她的后代。"

妈妈养育心法

妈妈是女儿的一面镜子，镜子里映射出的，不仅是基因的遗传，更是命运的传承。甚至可以说，妈妈长什么样，女儿就会长成什么样。因此，我们要牢记以下3点。

❶ 控制好自己的脾气，当自己感到愤怒的时候，多做深呼吸，或者暂时离开现场，给自己一些冷静的时间。只有妈妈平和了，女儿的内心才能充满安全感。

❷ 养成积极的心态，每天花时间思考正面的、值得感恩的事物，即使是一件小事，也有助于我们积累正面情绪。只有做充满正能量的妈妈，阳光才能照耀到女儿身上。

❸ 永远不放弃自我提升，以身作则，给女儿树立一个鲜活的榜样。只有如此，女儿才会更有力量，不断攀登高峰。

有主见的女孩，是这样养成的

心理学上的"羊群效应"指的是在一群羊当中，一旦有一只头羊动起来，其他的羊就会不假思索地一拥而上，全然不顾旁边可能有狼，或者不远处就有更新鲜的草。

作为父母，我们都不希望自己的女儿成为那只没有主见的羊。毕竟，这个世界本就是参差的，一个女孩只有拥有做自己的自由和勇气，才能去过自己想要的人生。就像国学大师梁漱溟曾说："要自己有了主见，才得有自己；有自己，才得有旁人。"

知乎上有一个问题：没主见的人是怎样的？有一个女孩说："人生的主动权和决定权永远在别人手里，最后只能活在别人思想的笼子里。"

她说自己就是一个没有主见的人。从小到大，衣服是妈妈给她买的，兴趣班是妈妈选的。高中文理分科的时候，妈妈说女孩子读文科比较好，所以她选择了文科。高考后，报哪所学校，选什么专业，也都由父母决定。大三时，辅导员推荐她出国做交换生。她满心欢喜，兴奋地想象着出国之后看到的全新的世界。怀着憧憬的心情，她把这个好消息告诉了父母。然而，妈妈一点也不开心。"听说国外很混乱，还很危险，你以前没离开过家，去那边会不习惯，还有可能被针对……"听着妈妈的长篇大论，她也忍不住担心起来，犹豫再三后，她只能选择听妈妈的话，放弃了这次机会。大学毕业后，身边的同学都陆陆续续地找到心仪的工作，而当初代替她出国交换的同学也已经在一家知名企业谋得了一个不错的职位。只有她连自己应该做什么都不知道，只能在一家小公司里当一个毫不起眼的文员。她说："现在的我就像别人手中的提线木偶。"

明明人生中有很多让自己活得更自我、更精彩的机会，可她却因为自己拿不定主意，只能把选择权交到别人手上，自己只能过着"被安排的人生"。

某求职节目中，有一个很优秀的面试者。她本科毕业于中国政法大学，研究生就读于中国人民大学，不仅通过了司法考试，也有相当丰富的实习经历。不管是学历还是能力，她都符合某知名律师事务所的招聘要求。

得知她还考了公务员，面试官问她："如果拿到我们的录用通知书，你就不去做公务员了吗？"她犹豫了一下，眼神有点飘忽，想说什么却说不出来。面试官又追问道："这是两条完全不一样的路，你知道吗？"过了好一会，她才结结巴巴地说："是的，所以我也很纠结。"听她说完，面试官脸上的微笑都变得僵硬了，而她自己也不安地抿着嘴唇，不断地揉搓着手指。

面试官接着问她："你考公务员，是因为父母希望你做公务员呢，还是你自己想做公务员？"这次她毫不犹豫地回答说，自己是听了父母的话，才去考了公务员。为了再次确认她的想法，面试官又非常认真地问她："选择公务员还是律师，这里面你父母的意见占多大比例呢？""百分之六十。"最后，她在第一轮面试中就出局了。

英国著名生物学家托马斯·亨利·赫胥黎曾说："在这世界上犹豫不决成就不了任何事。"这个世界，从来不会因为我们的孩子是女孩，就对她特别温柔大方。相反，社会对女孩有太多隐性的限制。如果女孩没有主见，就没有办法成为自己人生的掌舵者。

02

钟芳蓉以676分、湖南省文科第四名的高考成绩考上了北京大学。很多人为她拍手叫好的同时，以为她会选择一个有"钱"途的专业。然而，她没有和任何人商量，就选择了冷门的考古专业。

不少网友为此议论纷纷："白瞎这分数了，她早晚会后悔的。""报这么冷门的专业，姑娘还是要现实一点啊！""让老师失望了。"……各种声音甚嚣尘上。而钟芳蓉只是淡淡地回应了一句："我个人特别喜欢，我觉得喜欢就够了呀！"

这就是有主见。有主见，是一个人难能可贵的特质，也是孩子成就自我的底气。有主见、有理想的女孩，身上都自带一副铠甲，不管从哪里来、走什么样的路，都毫不畏惧。困难和挫折，反而成为她为自己蓄力的根源。

在英国历史上第一位女首相撒切尔夫人小的时候，因为父亲看到她身上有非凡的音乐天赋，一度想把她培养成一个音乐家。虽然撒切尔夫人也很喜欢音乐，但是她很清楚，这不是她最想要的，她想成为政治家。在大学里，碍于女性的身份，她只能参加学校里唯一接受女性的保守党俱乐部，并在此度过了大部分时光。大学毕业后，由于生活所迫，她不得不在一家普通公司里工作，但是她从没有放弃自己的政治理想。

后来她再次进入学校学习，加入议会，成为议员，参加选举。在那个女性总被歧视的年代，她的路走得很艰辛，但她最终还是走到了首相的位置。

德国作家歌德说过："一个人，即使驾着的是一只脆弱的小舟，但只要舵掌握在他的手中，他就不会任凭波涛的摆布，而有选择方向的主见。"有主见的女孩，遇到任何事情都能从容自信，更有能力掌控自己的人生。

阿尔菲·科恩（又译为艾尔非·科恩）在《无条件养育》一书中写道："孩子学会做正确决定的方式就是通过做决定，而不是遵循安排。"有主见的孩子的背后，都有"懒得做决定"的父母。他们会把做决定的权利还给孩子，让他自己选择，自己承担后果。

我的闺蜜就是这种妈妈。她在女儿上小学的时候，就给女儿报了好几个兴趣班。刚开始，女儿去上课还挺积极。突然有一天，女儿说："妈妈，我不想学这么多东西，太累了。"闺蜜就问她："那你想上哪几个？"女儿想了一下，犹豫地说："妈妈，你帮我选吧，我觉得上两门课就够了。"闺蜜笑了笑，知道女儿心里已经有了选择，但她并没有戳穿，只是让女儿自己选择。随着女儿渐渐长大，女儿以后想做什么、学什么，只要大方向没问题，她都让女儿自己拿主意。再后来，女儿想要做什么，很少问她的意见，只有在有需要的时候，她们才一起商量。

正是这一个小小的选择权，成为孩子有主见的根基。只有父母舍得"放权"，孩子才能在选择中找到自己的方向。

某知名节目主持人最喜欢跟女儿说的话就是"你自己决定"。女儿还很小的时候，就开始爱美了，她直接在衣柜里划出一格，把女儿的衣服放进去，穿什么都由女儿自己决定。刚开始，女儿经常拿不定主意，她就给女儿一些建议，但是绝对不干涉她最后的选择。她说："我希望她什么事都能自己决定。"后来不管是学习、择校、出国，还是恋爱、工作，女儿都有非常清晰的目标。在别人家的孩子还在纠结要读什么专业、做什么工作的时候，她的女儿已经清楚地知道自己想要什么了。

父母爱孩子，应如他们所是，而非如自己所愿。作为父母，我们都希望自己能把女儿的一切安排好，让她少走弯路，少受伤害，永远过得富足顺遂。但是一个女孩，只有思想有光芒，行动有力量，才能真正立足在这个社会。所以，我们只需要把握大方向，其他的就还给女儿，让她走出属于自己的路。

史蒂夫·比达尔夫在《养育女孩》中提到："女孩拥有天生的内在力量，他们和男孩一样渴望探索。只是在成长的过程中，父母和社会可能会在有意无意中，束缚这种力量和好奇心。"

和男孩一样，女孩也会有自己的追求，有自己的喜好，有自己的人生目标。作为父母，我们要做的，不是造一间玻璃房子，让她住在里面，而是教会她怎样去选择一条属于自己的路。父母送给女孩最好的礼物，就是引导她找到自己的方向，过好属于她自己的人生。

有主见的女孩在面对生活中的选择和挑战时，往往更有能力做出明智的决策。想要培养出一个有主见的女孩，我们要尽早做到以下几点。

❶ 树立榜样。我们可以通过自己的行为给女儿树立一个有主见、自信的榜样。

❷ 鼓励表达。我们要鼓励女儿表达自己的想法和感受，认真倾听她的观点，并给予肯定。

❸ 培养女儿独立思考和解决问题的能力，而不是总是依赖他人的意见。有条件的话，我们可以鼓励女儿多参与辩论或演讲活动，锻炼她的应变能力与逻辑思维。

❹ 培养女儿的批判性思维，教她如何分析信息，评估不同的观点，并逐渐形成自己的见解。

❺ 避免过度保护。我们要允许女儿探索、犯错，只有这样，她才能从中获得经验，而过度保护只会阻碍她的成长和独立。

一味地"富养"女儿，也许会毁了她

看见女儿歇斯底里朝我吼叫的样子，我非常懊恼。

女儿生日这天，我特意买了她期盼了很久的手机作为礼物。不承想，她竟因为买的不是最新款而大发脾气："你要买不起就别买，买个老款打发谁啊！"

我耐着性子哄她："手机的性能都差不多，买老款可以省下不少钱，到时候攒着给你买电脑。"她却半句都听不进去，大声嚷嚷道："我不管，谁让你这么没用，挣的钱都不够花！"那一刻，我的心凉到了冰点。

当妈后，我秉持着"再苦不能苦孩子"的教育理念，在女儿身上没少投资：我自己节衣缩食，但掏钱送女儿见世面、买生活用品连眼都不眨；全家月收入不足3万元，但我还是咬牙把她送进最好的学校，给她最好的教育。我曾坚定地认为，给女儿最好的，是理所应当的。但女儿此刻的一声声嘶吼，一句句指责，却让我陷入了沉思：我一直以来的"富养"，是不是错了？

01

　　其实，我早就应该发现，一味用钱给孩子铺路，只会滋长孩子的虚荣心，让孩子陷入盲目的攀比中。女儿现在不过14岁，可她的攀比意识已经逐渐深入生活的各个方面。从衣食住行到吃喝玩乐，她言必谈品牌和价格，对便宜的东西嗤之以鼻。平日里，她花钱也总是大手大脚：1200元一双的鞋子，说买就买；和同学出去玩，一下午就花掉三五百元。

　　我曾劝她要省着点花钱，她却反过来问我："不是你跟我说的要吃好用好吗？"现在看来，这都怪我用错误的教育，让她在所谓的"富养"中迷失了自我。

　　"童书妈妈"创始人三川玲曾在文章中告诫家长，不要把孩子塑造成家里的另外一个阶层。穷家富养，只会养出不知生活疾苦、一味索取的孩子。

　　我有个远房表妹，生活在二线城市，她和丈夫都是普通的工薪阶层，还背负着车贷和房贷。他们有一个女儿。由于表妹一直信奉"富养女儿"的理念，所以，对女儿从小到大可以说是"有求必应"，几乎无条件满足女儿的所有要求，尤其是物质上的要求。结果，这养大了女儿的胃口，小小年纪就开始跟同学攀比最新款的手机、书包、鞋子，平时要么花钱打游戏，要么追星买周边。有段时间，表妹的公司裁员，表妹就是被裁员工之一。没了工作，表妹一家人只能省吃俭用，但她女儿依旧花钱大手大脚。表妹悔不当初地说："富养富养，养到头来却是自己给自己酿下了苦果。"

砒霜可成药，糖多能害人。钱总有花完的一天，但养大的物质欲望却往往回不去了。穷家富养，只会滋长孩子的欲望和贪婪，使他坠入永远填不满的深渊。

非洲草原上有一种红蜘蛛，刚出生就要吃东西，母蜘蛛就将食物团成团，供小蜘蛛吃。可是，小蜘蛛胃口很大，吃完了还饿。这时，母蜘蛛就会由着小蜘蛛趴在自己身上啃食自己，直至被啃成一具空壳。

穷家富养的本质也是如此。一味用物质喂养孩子，当有限的物质被啃噬干净的时候，孩子就会啃噬父母。

有位父亲，对女儿从小就百般疼爱，全家省吃俭用，竭尽一切给女儿最好的物质条件。为了供女儿出国留学，他掏空了家里全部的积蓄；为了让女儿过得舒心，他将自己几乎全部的工资都给了女儿，自己一日三餐就吃馒头配咸菜。可即便这样，女儿还是经常透支信用卡，父亲劝她节约一点，她竟公然网暴疼了她20多年的父亲。何其悲哀！父亲含辛茹苦，她熟视无睹；父亲掏心掏肺，她狼心狗肺。

上过某综艺节目的一个女孩的父亲对她也是完全"富养"，吃穿用度都为她提供最好的，对女儿有求必应。可女儿长大后，却变成了一个打架、混社会、花钱如流水的小混混。平日里，她定期向父亲收取"保护费"，如果父亲给得少了，还会对父亲恶言相向。

没有哪个孩子天生就懂得体恤父母。父母把自己当提款机，孩子就是碎钞机，只会一辈子不成器，一辈子趴在父母身上敲骨吸髓。

教育家马卡连柯说："一切都给孩子，牺牲一切，甚至牺牲自己的幸福，这是父母给孩子最可怕的礼物。"穷家富养，不仅喂大了孩子的欲望，也赔上了孩子的品行。他们不会理解父母的辛劳，也不在乎。他们一边向父母无限索取，一边又对父母毫无感激。一旦父母无力满足，他们就会心生怨恨，对父母恶语相向。

南京师范大学教授郦波曾说："真正的教育，是再富也要苦孩子。你见过哪一个人才不经历人生坎坷？孩子需要有正常的磨砺，而不是只给他各种卓越的条件。"对于普通家庭而言，最好的教育，应该是家里什么条件，就怎么养孩子，尽早让孩子知道家庭条件有限的事实。2023年，北京大学公众号公布了"北京大学学生年度人物"，其中一位就是携笔从戎的王心仪。几年前，她的一篇《感谢贫穷》看哭了无数人。

王心仪出生在河北省枣强县的一个农村家庭，家境贫寒的她早早就认识到了生活的不易，所以，闲暇时间里，她帮着妈妈干农活、做饭、喂鸡……同时，她也一直记得妈妈对她说的话："知识是一条通向更广阔世界的路。"于是，她比所有人都努力认真地学习，最终，用勤奋和自律叩开了北京大学的校门。

宠儿多不幸，娇儿难成才。长在蜜罐里的孩子，永远不会懂得拼搏和进取的滋味。泡在社会这片海里，品尝人生的酸甜苦辣，孩子才会体恤父母的辛苦，懂得努力的意义。

之前，有一个"扫街女孩"走红网络。本来正是无忧无虑的年龄，但"扫街女孩"经常在炎热的夏天和当环卫工的爷爷一起打扫卫生。只见女孩拿着比自己还高的扫把，有模有样地清理着人行道上的垃圾。就这样，在暑假里，她每天凌晨4点半出门，一直干到中午12点，到了下午两点半，又要接着干活。

有记者问女孩为什么会想到帮爷爷扫地，女孩的回答很简单："我多做点，爷爷就可以少累点。爷爷真的很辛苦，他赚钱供我上学，现在我可以帮他扫扫地，以后长大了我就赚钱给爷爷花。"

我很认同这句话：好的教育是灵魂的建设，不是金钱的堆砌。

物质上的富养，不如培养孩子优秀的品质和独立行走世间的能力。唯其如此，孩子才能学会用自己的双手，创造出富足的人生。

认识到自己错误的教育后，我思考了很久：今后，我应该给女儿什么样的物质和教育？我想，最重要的是，让女儿在真实的生活中成长。我不再为她屏蔽生活的本来面目，也不再为她透支家庭财产，不让她过超出自己能力范围的生活。

当然，我会好好爱她，让她精神上富足，培养她正确的三观，教她独立的能力。唯有这些，能伴随她一生，成为她披荆斩棘的武器，给予她行走于世的底气。就像一位主持人给孩子的一封信中写的那句话："当你长大之后，我供养你的责任已经完结，以后你要坐巴士还是奔驰……都要自己负责。"

∴ 妈妈养育心法 ∕

穷家富养，以为能养出精英，结果只喂大了女孩的虚荣心。与其用
物质富养女孩，不如从以下几方面入手，用精神富养女孩。

❶ 培养女儿阅读的习惯。我们可以根据女儿的年龄和兴趣，为她提
供各种类型的图书；同时，每天设定好一段固定的阅读时间，让
女儿在知识的海洋里开阔视野。

❷ 闲暇时间多带女儿出门走走，让她看看不同的地理环境、特色文
化和历史遗迹，提高她的审美能力和适应能力。

❸ 支持女儿发展自己的兴趣爱好，无论是音乐、体育，还是其他领
域，都有助于丰富女儿的精神世界。

❹ 鼓励女儿参与社会活动，比如志愿服务、社区活动等，培养她的
社会责任感。

❺ 培养女儿的感恩意识。我们可以带她体验一下父母的工作，让她
知道工作的苦、赚钱的难，体谅父母的不容易。

成就女孩的自信，聪明的父母这样做

前段时间看电视剧《小敏家》，剧中两个孩子的命运让我思考良多。金家骏和陈佳佳有个共同的遭遇，就是父母都在他们很小时就离了婚。不同的是，离婚以后，母亲就很少给予金家骏关爱，父亲更是一个无赖，只知道一味向他索取；而陈佳佳的父母虽然也离了婚，但她从来都没有缺失过父母的爱，尤其是母亲，从物质到情感上都给了她极大的满足。

这就导致两个孩子养成了截然不同的性格：金家骏虽然高大帅气，成绩优异，但性格内向，敏感自卑；而陈佳佳活泼开朗，整个人就像小太阳一样，温暖着周围的人。

除了天生的气质差异，让两个孩子性格迥异的根本原因，其实就是家庭环境的不同。

李玫瑾教授曾经说过："自信是一个人成功的根本，要让孩子明白天生我材必有用。"到底什么样的家庭，才能培养出一个自信开朗的孩子呢？

01

我之前看过一条视频：一个高三女生收到了模拟考试的成绩，分数远低于她的预期，这让她感到前所未有的挫败，她担心自己无法实现梦想——考入心仪的一本大学。焦虑和不安像一块沉重的石头压在她的心头，让她几乎喘不过气来。

妈妈注意到了女儿的异样。她没有像其他家长那样只是简单地说些鼓励的话，而是选择在一个安静的午后，轻声细语地和她说："妈妈知道你最近压力很大，可模拟考试的成绩并不能决定你的未来。即使你考不上一本的大学，那也没什么大不了的，上个二本的大学也可以。妈妈更关心的是你的健康和快乐。"

妈妈的这番话，像是一股温暖的力量，驱散了女孩心中的阴霾。妈妈接着说："无论你走到哪里，妈妈都会无条件地支持你。记住，你的价值不是由分数来定义的。"

02

在某少年类综艺节目中，一个女孩的经历让我感触颇多。这个女孩由于出生时缺氧，医生说她的智商只有36，可妈妈还是没有放弃她。为了让女儿能够健康成长，妈妈特意去学了心理学，用专业知识和自己的爱，一路鼓励女儿成长。在妈妈的陪伴下，女孩从刚上一年级时的平平无奇，到六年级时的班级前三名，她变得越来越自信，一举拿下了市英语风采大赛冠军，还当上了班长、大队长。她站在领奖台上，对妈妈深情告白："是你的鼓励，让我不断挑战自己、超越自己，一路向前，我就是你创造的奇迹。"

日本教育家铃木镇一的一个学生在文章中写道："我想告诉所有的爸爸妈妈，多给孩子一点鼓励吧，这不会滋长孩子骄傲的情绪，而会给孩子一个健康、自信的心理。"是啊，父母的鼓励，就像一股温暖却有力的水流，缓缓注入孩子的内心，给予孩子无穷的精神力量。

每个孩子的眼睛都是生来有光的，鼓励孩子，就是在呵护孩子眼里的微光，让它最终燃烧成一束璀璨的火焰。

我看到过一段特别温暖的对话。一个看起来只有四五岁的女孩，在和妈妈买烤地瓜的路上，抬起稚嫩的小脸问道：

"妈妈，我以后如果考上清华大学，你会感觉怎么样？"

"妈妈会为你感到骄傲啊！"

"那我考上北京大学呢？"

"妈妈也会很骄傲的。"

"那我'烤上'地瓜呢？"

"如果你把地瓜烤得又香又软又甜的话，妈妈觉得也是可以的，也会为你骄傲的。"

"那以后我就当个烤地瓜老板！"

"好呀，恭喜宝贝有了新的愿望。"

在和妈妈说话时，女孩蹦蹦跳跳的，满脸都是笑容，亮晶晶的眼睛里充满了对未来的憧憬。

我们为人父母，都想养出一个朝气蓬勃、眼里有光、能勇敢做自己的女孩。可是，很多父母对女孩的高要求、高期待，给女孩明亮、纯净的眼睛蒙上了灰尘。

著名心理学家罗杰斯曾说："爱是深深的理解与接纳。"父母应该接纳孩子的不足和脆弱，尽力满足他的每一个小小的心愿。只有父母无条件地爱孩子、接纳孩子，孩子才能在丰盈自己的路上，变得更加明媚，无惧风浪。

某举重运动员的故事也让我动容。

她的家庭条件很一般，父母和大多数村民一样，在家里种植烟草维持生计。她和弟弟出生后，父母便去广东打工以增加收入，她则是跟着爷爷奶奶长大的。从很小的时候，她就展现出与众不同的一面：她喜欢田野和山林，经常和村里的孩子去山上捡柴火、摘野果，每逢稻谷丰收的时候就去田野里摸鱼、捉泥鳅。村里人给她起了一个绰号，叫"小猴子"。

但她的家人没有因为她的"与众不同"而烦恼，反而一直尊重她的天性，支持她做自己喜欢做的事情。最终，她走上了征战赛场、为国争光的道路。

《好妈妈胜过好老师》里指出，孩子一来到这个世界上就具有了独立的人格和尊严。孩子和大人是平等的，父母要尊重孩子，而不是把孩子当作自己的私有财产，要求孩子遵照自己的意愿去做事。当一个孩子的选择被认可，想法被尊重，内心被看到，他就能充分感受到自己的价值，做什么事情都会动力十足，满怀信心，对未来充满美好的向往。

之前在视频网站上看到一位爸爸，为了让女儿远离手机，开始给女儿做玩具，从纸质版的《俄罗斯方块》，到《推箱子》，再到《极品飞车》……这位爸爸的创意越来越天马行空，女儿脸上的笑容也越来越明媚。

这位爸爸的故事引起了很多人的关注，但同时也受到了不少质疑。有的网友说他不务正业，这位爸爸却说，陪女儿一起玩最重要，他只想做一位让女儿快乐生活的爸爸。

牛津大学心理学家布朗温·塔尔在一项研究中发现：有父母陪伴玩耍的孩子，与没有父母陪伴玩耍的孩子相比，前者笑容比后者多了3到4倍。被父母用心陪伴的孩子，是生机盎然、蓬勃向上的。这样的孩子，在面对未知的世界时，往往会更有自信，无所畏惧。

看过电影《怦然心动》的人，一定对女主角朱莉印象深刻，她阳光善良、乐于助人，脸上永远挂着自信的微笑。

这一切，都是因为她有一对相爱的父母。她的父母虽然都是普通人，生活也并不富裕，但是能时刻体谅彼此。虽然他们偶尔也会吵架，但他们冷静下来后，依旧能继续携手面对生活中的困难。妈妈也会告诉朱莉，自己无数次被朱莉爸爸的坚强和善良感动。

心理学家曾奇峰说："夫妻关系是家庭的'定海神针'。"在父母相爱的家庭中长大的孩子，内心更有安全感，他知道爸爸爱着妈妈，妈妈也爱着爸爸，同时他们也深深爱着自己。

就像朱莉，父母恩爱带给她的安全感，让她在做任何事情时都不会有后顾之忧，她可以选择做自己喜欢的事情，并且坚持到底。

这就像在房屋里搭建了一个温暖的巢。父母应该努力让孩子在一个爱意流动的家庭中成长，让他今后在面对困难和挫折时都充满底气。一个在温暖、有爱的家庭里成长起来的孩子，怎么可能不阳光自信呢?

　　教育学家卢梭曾说：“人的教育在他出生的时候就开始了，在能够说话和听别人说话以前，他已经就受到教育了。”教育的基础是家庭，每一个优秀的孩子都是良好家庭教育的产物。一个孩子能否自信、阳光、乐观，往往取决于家庭的熏陶。只有家庭这块土地足够肥沃，才能造就孩子的枝干挺拔、草木苍翠。为孩子埋下一颗阳光自信的种子，用心浇灌，你终将收获丰硕的果实。

╲ 妈妈养育心法 ╱

生活不会总是一帆风顺，女孩也时常会遇到挫折和困境。这时，如果她能自信且勇敢地面对挑战，更容易收获成功、幸福的人生。所以，我们在培养女孩的道路上，最应该培养的就是她的自信。那么，到底怎么做才能培养出一个自信的女孩呢？

❶ 接受女孩的全部，包括她的优点和缺点。我们应爱她本来的样子，而不是我们希望她成为的样子，包括她本来的性格、兴趣、能力，甚至她的缺点等。

❷ 经常对女孩的表现给予肯定和鼓励，关注她的努力和进步，而不仅仅是考试成绩。我们要让她知道父母为她骄傲，并且相信她能够做得更好。

❸ 我们要以身作则，展现出自信、乐观的人生态度，以此感染女孩。

❹ 尊重女孩的个性和意见，允许她有自己的想法。

❺ 给予女孩高质量的陪伴，比如：在陪伴她时，关闭手机或其他电子设备，尽量减少干扰；设定每周的某个时间为固定的亲子时间；参与女孩感兴趣的活动，包括游戏、运动、绘画等，增进与女孩之间的情感联系。

如果你有女儿，请教她勇敢而不是完美

我始终记得，小时候我调皮捣蛋，妈妈总会训斥我："你是女孩子，怎么这么不懂事！斯文一点不行吗？"可转过头，她又会对弟弟说："男孩子就是要调皮一些，胆子大一些，将来才有出息！"

小时候没有感觉，长大后我才发现，自己已经习惯于走在"听话"的人生路上，习惯了忍耐和懂事，习惯了体面和稳重，不敢踏出"规矩圈"一步，不敢追求自己真正想要的。反观弟弟，他不仅有想做便做的自由，还有屡败屡战的勇气。

曾任Meta（原Facebook）首席运营官的谢里尔·桑德伯格说过一句话："完美是女孩最大的敌人，不仅因为它让我们不堪重负，还因为担心不够完美会让我们失去勇气。"如今我也有了女儿，我小心翼翼地养育她，含在嘴里怕化了，捧在手里怕摔了。可是仔细想想，我能护住她的童年，却护不住她的一生，与其让她陷入"完美"的困局，还不如教给她面对风雨的本领和勇气。

澳大利亚演讲者卡罗琳曾在TED演讲中说："对女孩而言，勇敢是可以学来的，就像任何可以学的事情一样。"教会女孩勇敢和自信，让她在风雨飘摇的生活中拥有自保的能力，才是父母送给女孩最好的礼物。

锻炼女孩最直接的方式，就是有意识地带她参加一些需要勇气的活动，比如爬山、攀岩、蹦极、坐过山车等。父母应允许女孩勇敢尝试"危险游戏"，允许她像男孩一样，敢于冒险和探索。

TED 演讲《培养勇敢的女孩，鼓励她去冒险吧》中指出："研究表明，'危险游戏'对孩子来说很重要，因为它可以教会孩子评估危险、延迟享乐，让孩子更有韧性，为孩子带来信心。换言之，当孩子们走到室外并练习勇敢时，他们实际上在学习非常有价值的人生课程。"

毕竟，女孩只有身强体壮，才有能力保护自己；女孩只有敢于冒险，才能得到想要的人生。

英国一项针对街心公园攀爬架的调查研究表明：当女孩去爬攀爬架时，父母总是喜欢在一旁不停念叨"小心点""别爬了""当心摔着"；而当男孩去爬时，父母反而会鼓励他"去啊""爬高一点""勇敢一点"。

父母如此区别对待,等于在无形中告诉孩子:女孩应该胆小,男孩应该勇敢。可事实上,在青春期之前,女孩在生理上是要比男孩更强壮的。父母只有给女孩不断灌输积极的观点,才能让她和男孩一样勇敢、自信。

没有女孩天生自卑胆小,她的性格取决于她所接受的教育。

很多女孩会毫无理由地害怕一些东西,这其实和兴趣、性别无关,而是天生的。

《儿童恐惧心理学》中曾指出:孩子从出生到12岁,在日常生活中会出现34种常见的恐惧情绪,如害怕黑暗、昆虫、怪物和幽灵等。想让女孩战胜她所害怕的东西,最重要的就是带她深入了解、逐渐脱敏。所以,当女孩怕黑时,不妨带她一起研究一下为什么会有白天和黑夜;当女孩害怕洗头和洗澡时,可以带她一起研究一下为什么水进到眼睛里人会觉得不舒服。

只要女孩自己真正弄明白了、敢接触了,那些因为陌生导致的恐惧感自然也就消失了。因此父母应该陪伴女孩探索恐惧,引领她战胜恐惧。

$$04$$

纪录片《男女不再有别》中，研究人员做了一个实验：给女孩玩男孩擅长的《俄罗斯方块》，给男孩玩女孩喜欢的娃娃，3个月后，大家惊讶地发现，女孩的空间感并不比男孩差，同样，男孩也可以心思细腻地照顾娃娃。

这说明，男女的先天能力相差无几，真正令男女大脑结构发生变化的，是我们后天有意或无意的干预。如果女孩只能做"女孩的事"，她的很多潜能就注定会被埋没。因此，父母想要女孩有所建树，就别对她有性别束缚。勇于突破自我，女孩才能知道自己有多优秀。

$$05$$

电影《垫底辣妹》中，女主角的母亲说过一句深刻的话："世界上最大的谎言是你不行。"这句话道出了父母的评价对孩子产生的深远影响。父母的话语如同孩子行动的指南针，当他们不断地用"你不行"这样的负面语言来评价孩子时，孩子内心会产生强烈的自我怀疑，尽管孩子渴望成功，却不自觉地接受了父母的负面暗示，认为自己真的无能为力。孩子往往深信父母对自己的评价，并将其内化为自己的观念。

积极的暗示，才是激励女孩前进的强大动力。正如著名的皮格马利翁效应所证明的：即使一个人本身能力有限，通过正面的激励和信念，他的潜能也能得到最大限度的发挥，从而实现"我能行"。

女孩是自信还是自卑，未来的道路是光明还是曲折，答案就藏在父母平日的话语里。

很多父母"富养"女孩的方法，就是将生活的方方面面都替她考虑周全。但实际上，什么都被父母安排好了，女孩也就不用自己动脑思考了，遇到事情时，便只会人云亦云，没有自己独立的思想。

我看过这样一段文字："好的教育，给被教育者更多的选择；不好的教育，给被教育者更少的选择。"在家庭教育中，父母应该将表达个人想法的自由还给女孩。当她向父母提出问题时，父母应尽量让她自己思考，并不失时机地肯定她爱动脑筋的习惯。平日里，父母不要小看女孩，而要把她当成大人一样，鼓励她表达自己的想法，给予她管理、思考和决策的机会。

这个世界，不缺长得漂亮的女孩，也不缺听话乖巧的女孩，而能够独立思考、有自己独特见解的女孩，才是弥足珍贵的。

07

生活中，很多父母习惯于替女孩做决定：小到穿什么衣服、吃什么菜、看什么书，大到交什么朋友、选什么专业、找什么工作等。很多女孩的人生决策，就是父母的"一言堂"。

可实际上，这样不仅会让女孩对他人的依赖骤升，还会让她形成自卑的心理。父母对女孩最大的伤害，莫过于打着"为你好"的旗号，代替她做所有决定。

心理咨询师武志红认为：只有让孩子不断地自己做选择，孩子才会真正长大；只有父母懂得尊重孩子，给予孩子决定和选择的机会，孩子才能真正成为自己的主人，活出自己的人生。

08

有位父亲说："我从未把女儿当作孩子，她是一个有思想的人，她有她的秘密、她的想法、她的人生，她不属于我，我们是彼此独立的个体，我不把自己的意志强加于她，我们像朋友一样相处。"我很赞同。

孩子从来都不是一张没有思想的白纸，他有自己的好恶，有独立发展的意愿。父母不要过多地评价孩子，而要做好他的引路人，让他找到自己想要走的路，让他勇敢做自己，忠于自己。

09

　　萨拉·凯，一位杰出的诗人，在TED演讲中，以《如果我有一个女儿》为题，深情地分享了一段寓意深远的话："假如我有一个女儿，我会让她知道，这世界是蜜糖做的，它会在轻易间荡然无存，但是不要害怕用舌头来品尝。"

　　养育女孩，往往需要我们摆脱传统的束缚，鼓励她勇敢地展现自己的个性，无论是勇敢、淘气还是任性，这些都是她"做自己"的权利。独立的女孩更加坚韧，勇敢的女孩更加自由。父母最大的成功不是可以给予女孩物质上的富足，而是将她培养成一个勇敢、自信的女性，让她拥有探索世界的勇气和拥抱生活的热情。

╲ 妈妈养育心法 ╱

很多父母总是教育女儿要听话，要顺从，要追求完美，不要犯错。
然而，人生本就是一个巨大的试错场，不完美才是其本质和常态。
只有放手让女儿无畏前行，她才能不断地试错，从每一次的经历中
汲取养分，从而成长。

❶ 鼓励女儿多尝试新事物，即使她可能会受挫，也要让她知道尝试
本身就是一种勇敢的表现。

❷ 当女儿表现勇敢时，父母要给予积极的反馈，强化她的行为。

❸ 可以通过故事、电影、书籍等，向女儿介绍勇敢、自信的榜样，
讨论这些人的行为有哪些值得学习的地方。

❹ 教会女儿如何识别和避免危险，只有这样，她在面对潜在的危险
时才能更加从容淡定。

❺ 给予女儿充分的情感支持，确保她知道无论发生什么，父母都会
无条件地支持她。

不想养出讨好型女孩，这 3 个误区一定要避开

一直以来，我都觉得自己养了个好女儿：贴心、懂事、机灵。在家里，她是我和老公的小棉袄，不仅很少向我们提要求，而且处处体谅大人的不易；在学校里，她更是出了名的好人缘，无论老师、同学有什么需求，她总会自告奋勇地上前帮忙。总之，一提起女儿，周围人都赞不绝口，我也一度觉得自己育女有方。

2024 年春节期间，我带女儿去看电影《热辣滚烫》。当看到女主角乐莹问爸爸"你有两个苹果，一个大的，一个小的，你朋友问你要，你给他哪一个？"时，坐在我身旁的女儿突然开始抽泣；而当乐莹说"我会把两个都给朋友"时，女儿坐在座位上止不住地流泪。她小心翼翼地对我说："对不起，妈妈，再给我一分钟，我马上就不哭了……"这一刻，我的心好像被谁打了一拳。我突然意识到，眼前这个听话、乖巧、对别人有求必应的女儿，不正是另一个牺牲自己、委曲求全的乐莹吗？她们都在一次次讨好别人的过程中，悄无声息地弄丢了自己。

01

电影《热辣滚烫》里的乐莹是个让人心疼的女孩。大学毕业后，她因遭遇挫折而一直宅在家里，整整10年。这期间，乐莹一直过着浑浑噩噩的生活，不知道自己是谁，也找不到自己存在的意义，每天都被巨大的无力感所笼罩。

她看似没心没肺，实则敏感善良，总是千方百计对周围人好，甚至到了讨好的程度。可最终，她全心全意的付出，换来的却是背叛和利用。表妹为了话题和流量，找乐莹上节目，乐莹虽然不习惯将自己暴露在人前，但为了表妹能顺利转正，还是答应了下来。可表妹通过恶意剪辑，将乐莹塑造成了一个肆意辱骂母亲的不孝女。不仅如此，表妹还故意引导乐莹说一些有争议性的话，让她"社会性死亡"。

乐莹的闺蜜不仅抢了乐莹的男友，还厚着脸皮要乐莹来给自己当伴娘，她说："你要是不来参加婚礼的话，别人就该以为我是'小三'了……"乐莹虽然气愤，可到了婚礼当天，还是心软地去了。她套着紧绷绷的伴娘服，站在闺蜜和前男友的身边，帮忙收红包。

亲情、友情如此，爱情亦然。为了圆男友的拳击梦，乐莹默默承担起所有，日常生活中更是卑微到了尘埃。可即便如此，男友依旧不愿意在人前承认自己与乐莹的关系；在发生冲突后，甚至直接用一句"滚！"赶走了乐莹。

每个讨好型人格的孩子，都能从前期的乐莹身上找到自己的影子：只要别人开心，自己做什么都愿意；只要别人开口，自己的想法就不重要；只要别人想要，自己就能把心爱的东西双手奉上。他们压抑着真实的自我，不敢拒绝，不敢任性，最后一点点掏空了自己，让自己受尽了委屈，留下了满身的伤痕。

想到这里，我开始重新审视女儿，这才发现，我的女儿并不快乐。她每时每刻都在取悦别人：和家人一起吃饭时，她能清楚地记得所有人的口味喜好，要是跟自己的口味有冲突，那一定先满足别人；她几乎不会拒绝别人，就算遇到让自己十分为难的情况，也会勉强自己答应下来；她还很会察言观色，周围人有任何细微的情绪变化，她总能第一个察觉；很多时候，哪怕不是自己的错，她也会主动道歉……

记得有一次，女儿的班主任打电话给我，让我去学校一趟。到了办公室，班主任拿出五六本练习册给我看，问我知不知道女儿一直在帮同学写作业，而我毫不知情，不过听班主任这么一说，我才想起女儿这段时间的确睡得很晚。

我问女儿是不是被同学欺负了，可没想到，女儿却摇着头说是她自愿的，她知道错了，让我和老师不要责怪同学。

这一刻，女儿的卑微和讨好深深刺痛了我的心。我突然想到了心理学家布赖恩·利特尔提到过的"洋葱型人格"——习惯性讨好别人的孩子，就像一个洋葱，当你一层层剥开他的"外皮"后，就会发现他的内心是空的。他极度依赖外界的认可，为了取悦别人，甚至不惜掏空自己。在他看来，只有无条件满足别人、对别人好，别人才会喜欢自己，自己才能有价值。这样的孩子，何其可怜！

意识到女儿的讨好型人格有多严重后，我翻阅了大量资料，看到了心理学家米基·法恩的一句话："讨好型人格形成的根本原因——童年创伤：我们在原生家庭中没有得到过父母无条件的爱。"

这些年我与女儿相处的点滴随之浮上心头，我这才意识到：原来，是我经常挂在嘴边的一些话，让女儿养成了讨好父母、取悦全世界的习惯。

于是，我对女儿说："真正的友谊，绝不是靠一方低声下气和委曲求全换来的。有时你越是卑躬屈膝，对方越会轻视你、伤害你。所以，宝贝，你没必要帮你的同学做作业啊！"

没想到女儿哇的一声哭了出来："是你一直教我要乖，要听话，只有这样别人才会喜欢我。难道我做错了吗？"看着女儿委屈的神情，我才知道，她那些让我沾沾自喜的乖巧懂事的品质，不过是因为没有安全感，因为害怕失去别人对自己的喜欢。

但就像作家刘娜说的："所有的过度压抑和过度委屈，终会被漫长的人生讨伐。"

武志红老师曾在一次讲座中分享过一个故事。一位爸爸规定女儿每天必须吃够两碗饭，且一粒也不许剩下。女儿曾试图反抗，可换来的不是爸爸的怒火，就是埋怨："我一心一意为你好，你居然不吃？还有没有良心！"为了让爸爸高兴，女孩选择逆来顺受，硬着头皮吃，结果一度胖到150多斤。

长大后，习惯了讨好的她，也将这套模式延续到其他关系中。

曾几何时，我也总是用一句"为你好"堵住了女儿表达自我的出口。然而，当父母凌驾于孩子之上时，孩子只会迷失了自己。最终，孩子的人生就算如父母所愿，但也一定是伤痕累累的。

深入了解了讨好型人格后，我逐渐意识到，女儿之所以变成了一个唯唯诺诺的"老好人"，其实是步了我的后尘。从小到大，父母一直教育我"凡事多从自己身上找原因""一定是你有问题别人才会不喜欢你"。

后来，我也时常用这样的话教育女儿："为什么他不欺负别人只欺负你，你就没有做得不好的地方吗？""退一步说，这件事的确是爸爸妈妈做得不对，但你就没有问题吗？"结果，这些话在潜移默化中，让女儿一次次陷入消极的自我暗示，觉得自己低人一等，不断自我攻击。

有句话说得好：种一棵树最好的时间，一个是10年前，一个是现在。其实，教育也是如此。虽然我们无法让时光倒流，但只要愿意反思与学习，任何时候都不晚。

后来我诚恳地向女儿道了歉，并带她一起看《热辣滚烫》上映后记者对导演兼主演的一段采访。采访中，她提到了那两个苹果，她说："以前，我的确会把两个苹果毫不犹豫地都给朋友。"但现在，如果朋友想要她的苹果，她会诚实地说："其实我也很喜欢吃，但因为你是我的好朋友，你张口向我要了，我可以给你一个小的。"如果朋友觉得不够的话，她也可以把大的给出去，但她会告诉对方："那个大的，我本来是想留给自己吃的。"如果朋友两个苹果都想要的话，她还是可以两个都给出去的，但她会明确地说："我可以两个都给你，但我真的很委屈。"

我对女儿说："以前的我，总觉得自己最大的成功是养出了一个听话、懂事、会哄大人开心的孩子，也天真地以为，这样才是为你好。但现在，我更希望你在关心照顾他人之前，能先忠于自己的内心，不委屈自己做不喜欢的事。即使你不乖，不是第一名，不那么为别人着想，爸爸妈妈也会一直爱你。"

改变，从来都不是一件容易的事情。作为父母，很多时候我们能做的，不过是看见孩子的感受，接纳孩子的处境，鼓励他们大胆说出自己的想法。相信终有一日，孩子会遇见那个更加勇敢、强大的自己，收获独一无二的精彩人生。

∴ 妈妈养育心法 ∕

有的女孩表面看似积极阳光，似乎每个人都喜欢她，但当她独处时，却不一定是快乐的。因为拥有讨好型人格的女孩总觉得自己不够好，不配得到爱，所以宁可透支自己，也要努力迎合他人的期待。为了避免女孩成为这样性格的人，我们一定要少说以下3句话。

❶ "只有你乖乖的，爸妈才会喜欢你。"这可能会让女孩觉得父母的爱是有条件的，只有当自己听话时，才会得到父母的关爱和认可。同时，女孩也可能会误解"乖"的含义，认为"乖"就是完全服从，压抑自我。

❷ "这都是为你好。"这种说法会让女孩觉得自己的感受和想法都不重要，从而削弱她的主观能动性和遇事的决策力。

❸ "凡事多从自己身上找原因。"这种说法容易让女孩过度反思，最后把所有的问题都归结到自己身上，不断否定自己。

同时，我们还可以从以下两方面入手。

❶ 鼓励女孩多表达自己的想法和感受，认真倾听她内心的真实想法，教会她认识和表达自己的情绪，而不是压抑或忽视它们。

❷ 教会女孩说"不"。父母可以通过场景模拟的方式向女孩讲解如何健康地处理冲突和拒绝他人。

第3章

情绪管理心法

真正的富养女儿，是让她拥有松弛感

一口气追完电视剧《我的阿勒泰》后，我被剧中的张凤侠深深地"圈粉"了。

丈夫去世后，张凤侠和患有阿尔茨海默病的婆婆在阿勒泰的草原上相依为命。她以经营小卖部为生，生活艰难，却始终乐观积极，可爱洒脱。黑里透红的皮肤，干裂的嘴唇，都是她热爱这片土地的证明。她会边嗑瓜子边教哈萨克族邻居说普通话，也会从容地面对各种难题。

这样别具一格的女性，在对女儿李文秀的教育上也格外宽容松弛。剧中有一个片段让我印象深刻。女儿在城里混不下去，回到阿勒泰，在成功帮妈妈要债后，满怀希冀地问妈妈："我还是有用的，对不对？"张凤侠却一脸严肃地说："啥叫有用，李文秀？生你下来是为了让你服务别人的？你看看这个草原上的树啊，草啊，有人吃有人用，便叫有用。要是没有人用，它就这么待在草原上也很好嘛，自由自在的嘛，是不是？"

我忍不住泪流满面。怪不得很多网友都说她是沙漠里的一股清流，治愈了无数人的精神内耗。

她如此积极乐观、通透松弛，简直是"梦中情妈"。作为一位母亲，看完《我的阿勒泰》后，我想我找到了养女儿的"偏方"。

女孩的内心普遍比较敏感、脆弱，很容易受到外界影响。如果父母情绪不稳定，对于女孩来说无疑是一场灾难。

就拿张爱玲的母亲来说，虽然送张爱玲上最好的学校，还让她学钢琴和美术，但这个人喜怒无常，脾气暴躁，经常前一秒还在对女儿嘘寒问暖，后一秒就冲着她咆哮，甚至会口不择言地说她"活着就是为了害人"。有一次，母亲在家宴请客人，客厅少了把椅子，张爱玲为了讨好母亲，费劲地从隔壁搬来一把笨重的大椅子，结果只换来母亲冷冷的一句："你也太蠢了吧！"生活在这样的家庭中，张爱玲每天战战兢兢，生怕惹得母亲不快。

有时女孩明明只是犯了一个很小的错误，父母却如临大敌一般揪着不放，斥责批判。在这种内耗环境下长大的女孩，往往终其一生都会极其敏感，活得如履薄冰。

《我的阿勒泰》中还有一幕也对我很有启发。一天，一家人在县城进货，女儿文秀不小心把奶奶弄丢了，张凤侠的第一反应不是责骂，而是想办法赶紧把婆婆找回来，并且在女儿道歉时安慰她：

"对不起啥嘛，我经常把她弄丢，再捡回来不就成了。"

女儿去要债的时候得罪了不少牧民，她就陪女儿一起去赔礼道歉，也不在乎所谓的颜面。在她的影响下，本来"社恐"的女儿也越来越自信、从容。

好的父母允许孩子犯错，还会用松弛的心态，为孩子的成长保驾护航。

心理学家马斯洛指出，安全感是心理健康的基础，孩子有安全感，才能有自信和自尊，才能与他人建立良性的人际关系。安全感是女孩人格中最基础、最重要的成分。父母的心态如水般松弛，才能如涓涓细流，滋养女孩的内心，让她拥有足够的安全感和被爱的底气。

2020年的一项调查显示，我国17岁以下儿童青少年中，约有3000万人受到各种情绪障碍和行为问题困扰。而且，女孩比男孩更容易患上心理疾病。

我朋友的女儿就是其中之一。一直以来，朋友对女儿的成绩都有着病态般的执念。无论女儿考多少分，她都不满意。考得不好，她会说："这么点分数，我都不好意思跟别人说。"考好了，她又说："别以为一次成绩能代表什么，你还差得远着呢。"

为此，朋友的女儿始终不敢松懈，结果小小年纪就严重失眠，整夜整夜地睡不着，而白天上课总是忍不住打瞌睡。直到带女儿去看医生，朋友才知道她已经患上了焦虑症和抑郁症。

在当今内卷的大环境下，不少父母对孩子寄予厚望，让孩子背负着沉重的压力。一个个花季少女，在父母的盲目内卷和过度焦虑下，压抑成伤。

可张凤侠呢？面对女儿的自卑和敏感，她掷地有声地告诉女儿："生你下来不是为了让你服务别人的。"（剧中是反问）一句话，碾压了多少焦虑的精英父母。女儿梦想当一名作家，她虽然不懂作家是什么，但从未阻拦，只是问女儿："作家好做吗？能养活自己吗？"她从不要求女儿出人头地，为自己长脸，而是充分尊重女儿的梦想，让她去做自己想做的事。

之前看过一个帖子。妈妈收到了女儿的一条信息："你会不会觉得生了一个很垃圾的小孩？"妈妈暖心回复道："学习成绩不是最重要的，只要自己尽全力就好。"女儿依然表示苦恼，说如果读不好书，就会没有工作。这时妈妈的高光发言出现了："有工作啊！你可以开个下午茶小店，可以去做民宿管家……你可以做的事有很多，但最主要的是吃好、喝好、睡好，人来到这世上就是要不断地体验。"

多么智慧的妈妈啊！拥有这样松弛温柔的父母，是女儿一生的幸运。

父母只有放下焦虑和过高的期待，给予女儿充足的信任、尊重和爱，她才能更从容淡定地朝着自己的梦想不懈努力。

张凤侠并不是传统意义上的好妈妈：她在照顾女儿方面粗枝大叶，不过度关心女儿的衣食住行，也不要求女儿非要待在自己身边。某天夜里，她对着苍茫的戈壁喝酒，决定跟随乡民们迁徙去人迹罕至的夏牧场。女儿表示反对，质问她是不是在通过搬家来逃避什么。结果张凤侠却说："你要是实在不想跟我过呢，就回你的城里住去……不要为难你妈。"

她活得自由自在，随心所欲，敢爱敢恨。

我见过太多的妈妈，她们把自己的一生都困在"妈妈"这个枷锁中，为家庭、为老公、为儿女而活。可张凤侠呢？她就像风一样，自在洒脱，有一种蓬勃的生命力。比起"成为一个好女人、好妈妈"，她身体力行，教给了女儿一个道理——"女人无论什么时候，都要为自己而活"。

我曾在网上看到一位博主分享的自己家女性的故事。姥姥是封建大家族里的"反骨女孩"，16岁便离家出走当了兵，参加抗美援朝，退伍后，自学两个月参加高考，考上了中国政法大学，毕业后支边去了宁夏。大姨爱艺术，穿着自己设计的衣服走在大街上，回头率超高。小姨果断结束了让自己不快乐的婚姻，每年都会跑去世界各地旅游，活出了自己最想要的样子。博主的妈妈做了30年的老师，教会了她坚定、善良、不向邪恶低头。博主深知，自己之所以能长成现在的样子，拥有一颗滚烫的心脏，就是因为她拥有一位无比强大的妈妈。她说："我来自她的身体，我来自这宇宙中万里挑一的珍贵灵魂，我来自她始终如一的善良和山海一般磅礴的爱。"

妈妈对女儿最大的助力，就是用自己的光芒，照亮她的前路，然后母女各自成就自己的人生。在妈妈张凤侠的感染下，女儿虽然失落过、徘徊过，但从未放弃过当作家的梦想。她一头扎进牧民的生活，去爱、去感受、去受伤。丰富的生活积淀，让她在日后的创作中厚积薄发，终于发表了自己的作品。

上野千鹤子曾经说过："想让女儿自由，母亲自己也要活得自由。"当妈妈有了自己的追求，活出波澜壮阔的人生，女儿也会循着妈妈的脚印，寻找到自己的星辰大海。

04

刘瑜给女儿写了一封信。

"……如果你想当一个华尔街的银行家，那就去努力吧，但如果你仅仅想当一个面包师，那也不错。如果你想从政，只要出于恰当的理由，妈妈一定支持，但如果你只想做个动物园饲养员，那也挺好……

"……愿你慢慢长大。

"愿你有好运气，如果没有，愿你在不幸中学会慈悲。

"愿你被很多人爱，如果没有，愿你在寂寞中学会宽容。

"愿你一生一世每天都可以睡到自然醒。"

松弛感是父母给予女孩的最好礼物。拥有松弛感的女孩，不拧巴、不内耗、不焦虑，并且不卑不亢，过得踏实且幸福。愿我们的女孩爱这世界的山川湖海，也爱这世界的纷繁复杂，永远炙热且勇敢，一生不舍爱与自由。

妈妈养育心法

如今，真正拖垮一个女孩的，往往不是繁重的功课，而是精神上的紧绷。女孩对自己的高要求，在无形中束缚了自己。想要让一个女孩更加自信、快乐，最好的办法就是从小引导她要有松弛感。

❶ 父母要树立良好的榜样，平日里应专注于自己当下的生活和体验，避免过度忧虑，用积极的心态对待生活中的挑战，进而影响女孩的心态。

❷ 教授女孩一些缓解压力的办法，比如深呼吸、冥想等。

❸ 鼓励女孩享受学习或游戏的过程，而不是只关注成绩或结果。

❹ 接纳女孩的不完美，并让她意识到其实每个人都有自身的局限性，不必过于担忧或焦虑。

❺ 帮助女孩与同龄人建立起健康的人际关系，引导她在承受压力和遇到困扰时向他人倾诉，从而获得慰藉。

别让女儿成为你的情绪垃圾桶

前几天我在楼下饭馆吃面，隔壁桌坐了一对母女。整个吃饭过程中，这位妈妈一直在对着女儿喋喋不休："你说我天天上班这么累，下了班还得为你操心，真是劳碌命；你学习能不能用点心，你看看你这卷子，错的全是不该错的；我给你花了这么多钱上补习班，你的成绩咋就不见提高？"对面的小女孩低头默默听着妈妈的话，忽然轻声安慰道："妈妈你别生气了，我会努力的，妈妈你快吃吧，面都要凉了。"妈妈听后满意地点点头说："行，等会吃完回家你先把作业做了，然后我再给你出套卷子。"

我看了看那个小女孩，虽然她看起来很懂事、很成熟，却一副无精打采的样子，脸上不见笑容，眼里也无光。我不禁想起心理咨询师黄仕明的一句话："一个家庭最大的心酸，就是父母向孩子索取情绪价值。"

我们小区有一个小女孩，她的父母在她很小的时候就离婚了，此后她一直跟着妈妈生活。

比起小女孩对妈妈的依恋，小女孩的妈妈明显更离不开小女孩。有时，小女孩和小朋友们玩耍的时间稍微长一些，回家晚了，这位妈妈甚至会不让小女孩进门，还哭着问她："是不是不想要妈妈了？"平日里，这位妈妈也总像一个长不大的孩子似的，需要小女孩哄她、照顾她。

这就是一个家庭最可怕的地方：亲子关系倒错，父母逼着孩子成为自己的"供养者"，不断向孩子索取情绪价值。

在压抑的家庭环境中，能量缺失的妈妈，会不断地通过向孩子索要情绪价值来填补自己的内在需求。长此以往，不仅会消耗孩子的能量，更会摧毁孩子内心的自信和热情。

我见过不少父母，他们要求孩子顺从自己的指令，倾听自己的烦恼，还对孩子随意指责打骂。这导致孩子虽然物质上很富足，但精神上却处于被掏空的状态。

心理咨询师陈瑜曾在《不被理解的少年》一书中提到一个叫语喧的女孩。从上高一开始，她的压力就特别大，为此焦虑敏感，情绪起伏也大。深入访谈之后，陈瑜才知道，语喧的压力除了来自课业，更多来自家庭。她的爸爸有一个不太愉快的童年，这导致他性格乖戾，极度情绪化，而且缺乏安全感。中考前一个月，爸爸斥资4

万元给语喧报了一个一对一的突击补习班，但结果不尽如人意，语喧并没有取得理想的成绩。因为这事，爸爸不仅唉声叹气好几天，甚至直接把她拉黑了。

语喧的父母还经常当着她的面，为了一些鸡毛蒜皮的事情吵得不可开交，这让她觉得透不过气来："我的情绪特别容易受到我爸妈的影响；看到他们吵架，或者不开心，我整个人就会心神不宁。"爸爸习以为常的冷暴力，妈妈的脆弱和消极，这些情绪"毒气"一直在这个家里弥漫。

仅仅15岁的她，不得不站出来，试图兜住大家的情绪，把这个家带入良性循环。为此，她不敢任性，每天拼命学习，还要耗费大量精力去察言观色，努力平息家里的"战火"。可她终究还是个孩子，根本承接不住那些沉重的、纷至沓来的负面情绪。最后，语喧在沉重的压力下抑郁成伤，甚至在高一下学期一度休学，出家成了一名沙弥尼。

父母应当是孩子情感的港湾，为他们提供一个安全的空间来消化和表达情绪。然而，糟糕的父母不仅无法帮助孩子处理情绪问题，反而将自己的负面情绪倾泻给孩子。这种行为不仅会持续消耗孩子的精神能量，还可能导致他们承受不住压力，最终出现各种心理问题。

当父母转变成孩子情感的"索取者"后，孩子就如同戴上了沉重的枷锁，步履维艰。在这种压力下，孩子往往遍体鳞伤，他们的心灵自然也无法得到应有的滋养。

英国心理学家比昂（又译为拜昂）说："关系的本质是，谁在制造焦虑，谁在容纳和化解焦虑。"

按说，父母应该是心智成熟的一方，是承受并化解各种负面情绪的一方。但可惜的是，很多父母生理上成年了，但心理上还是个巨婴，需要向孩子索取情绪价值。而真正成熟的父母，应该做到以下几点。

第一，不把孩子当作情绪的垃圾桶。

父母如果把孩子当成情绪的垃圾桶，孩子将很难活得积极快乐。

绘本《可以不去工作，一直在家陪我吗》中，有一段很温暖的对话。孩子问："妈妈，你工作那么辛苦都是因为我吗？"妈妈回答："不是的，宝贝。工作辛苦是因为工作是辛苦的，不论谁做都会辛苦。就像柠檬是酸的，不论谁咬一口，都会觉得酸。"

成年人的世界，总是充满了各种疲惫、压力、苦楚。可是生活纵使有再多不如意，父母也不应该把负能量倾泻到孩子身上。为人父母最大的善意，就是给孩子营造一个积极阳光、充满爱的家庭氛围。

第二，不把焦虑转嫁到孩子身上。

教育专家洪兰分享过一个案例。她的一个同事家的孩子，因为是早产儿，小时候经常肚子疼。但随着孩子渐渐长大，肚子疼的毛病逐渐消失了。可孩子的妈妈却总是放心不下，总是担心孩子上课、考试会不会不舒服。孩子读幼儿园的时候，妈妈总是半天就给老师打一个电话询问情况；上小学以后，更是常常去学校看望。正因为如此，孩子变得越来越脆弱、焦虑。

不少父母常以"为你好"之名，把自己的期望强加在孩子身上，不断地把焦虑的负面情绪传给孩子。殊不知，那个被父母的焦虑裹挟的孩子，内心的健全世界正在一点点坍塌。

父母千万别把自己的焦虑转嫁给孩子，否则只会让孩子承受双倍的压力，束缚孩子的成长。

第三，自我赋能，提高自身能量。

一个朋友跟我讲了自己的经历。她的女儿上高中后开始住校，她每天担心不已，不停地给女儿发信息，叮嘱她注意身体，好好学习。可女儿正处在青春期，本来就有点叛逆，加上学习很忙，经常对她爱搭不理的。她就感觉自己不被尊重了，忍不住对女儿发火，母女俩经常一言不合就开始吵架。后来，她决定不再把关注点放在女儿身上，而是每天按时上下班，回到家就做瑜伽、追剧、养花，把自己的生活过得格外充实，只在每天睡前跟女儿通个电话，聊一聊学校发生的趣事，对学习则绝口不提。一个月过去后，两人关系越来越好，女儿也把她当成了无话不谈的朋友。

父母只有先关照自己，时常为自己充电，提高自身的能量，让自己成为一个内核稳定的大人，才能更好地陪伴孩子成长，给孩子带去温暖、积极的力量。

纪伯伦有一首小诗：你的孩子/并不是你的孩子/他们是由生命本身的渴望而诞生的孩子/他们借助你来到这世界/却非因你而来/他们在你身旁/却并不属于你/你可以给予他们的是你的爱/而不是你的想法……

每个孩子都是独立的个体，而不是父母的附属品，更不应该成为父母情绪的照顾者。父母只有照顾好自己的内心，让自己成为"发光体"，才能保持乐观积极的心态，照亮孩子的人生。

妈妈养育心法

人生在世，谁都难免会遇到工作不顺的难题、生活坎坷的考验和无谓琐事的消磨，但是作为父母，如果我们总是无休止地抱怨，不仅对解决眼前的问题毫无益处，还会影响孩子的情绪，消耗孩子的能量。家有女儿，当我们情绪不好时，可以采取以下几种办法提升自己的生命能量，从而感染女儿。

❶ 远离烂人烂事，从源头上保证自己的能量场不受污染，从而给女儿营造一个良好的生活环境。

❷ 自我觉察、自我纠正，不因为琐事内耗焦虑，给女儿传递积极乐观的人生态度。

❸ 多肯定自己、鼓励家人，给自己正向的心理暗示，创造一个正向的磁场，把女儿的人生也带入正向的轨道。

❹ 提高行动力，不断学习，用自己的言行感染女儿。

❺ 多跟正能量的朋友在一起，学习他们的思维方式，并与其进行能量交换，再将正能量传递给女儿。不知不觉中，笼罩在女儿头顶的阴霾也会慢慢消散。

正确认知情绪，是培养高情商女孩的前提

　　我在网上看到过一个搞笑视频。一个两岁左右的小女孩大哭不止，妈妈喊了一声"闭嘴"，她便乖乖地收起了眼泪。她懵懂地看着妈妈，按照妈妈的要求，把眼泪擦干。妈妈问："还哭吗？"小女孩看着妈妈的眼色使劲摇头。在妈妈"笑一个"的命令下，小女孩勉为其难地挤出一个假笑，可仍不满意的妈妈又提出了更高要求："笑出声来。"这时，小女孩一脸委屈的表情，让人有点想笑，却又忍不住心酸。

　　孩子一哭闹，父母就烦躁。所以我们总是想尽一切办法制止孩子哭泣，甚至像视频中的妈妈一样，为了不让孩子哭，努力强迫孩子笑。可是，在孩子迫不得已的笑容背后，那些被憋回去的眼泪就像没有清除的情绪垃圾，堆积在孩子心里，孩子的委屈只会翻倍。

　　美国知名行为认知专家埃米·莫林在《内心强大的父母不会做的13件事》一书中说："你的职责不是要让孩子充满笑容，而是帮他学会独立面对不舒服的感受。"其实，不论是开心还是难过，孩

子的每一种情绪都应该被接纳和允许。在养育女孩的过程中，真正高情商的父母，不会让女孩压抑情绪，而是鼓励她勇敢表达。因为只有让女孩放心地哭，她们才能真心地笑。

我在网上看到一位妈妈说："女儿因为一点小事就哭闹，发脾气，每当这时我就感觉特别烦躁，控制不住地想打她。"相信很多人都深有同感。

英国神经科学家莫滕·克林格尔巴赫指出，孩子的哭声能给人类大脑带来特殊的刺激，尤其是父母，小朋友的哭声能让他们心跳加速、血压升高，感觉难受。

但是，比起生理上的不适，哭闹反映出来的心理问题更让父母难以接受。因为父母经常有这样几种常见的心理认知。

首先，父母总是认为哭就是脆弱，是孩子不勇敢、没出息的表现。某主持人曾在节目中说，自己小时候因为爱哭经常被父亲呵斥，因为父亲觉得谁哭谁没理。在一些父母看来，哭是一个人脆弱的表现，哭就表示懦弱，没有出息，不够勇敢。

其次，发脾气就是不够乖巧，是需要立即纠正的行为。我在网上看过一个孩子写的诗：在孩子的眼里，天上的云可以生气，雷电可以生气，妈妈也可以生气，而自己却不可以。然而，在多少父母心里，孩子生气发脾气就是不乖的表现？父母总是急于纠正孩子的行为，却忽略了他们也有各种各样的小情绪。

最后，负面情绪是不好的，还会让人联想到失败。电视剧《小舍得》里有这样一个情节：家境贫困的女孩米桃在好朋友欢欢家感受到巨大的贫富差异，因此非常自卑，接连几天都郁郁寡欢。可爸爸没有弄清楚原因就对米桃大发雷霆，因为他觉得米桃在闹情绪，是不好的。在父母看来，米桃的沉默不语就是一副上不了台面的样子，而妈妈希望米桃永远像欢欢一样大大方方，乐观开朗。

洪俪瑜教授说："国人因文化的关系，并不接纳负向的情绪。"一个人如果表现出伤心、愤怒、害怕的负面情绪（也叫负向情绪），常常让人联想到他的无能和失败。

很多时候，孩子的负面情绪会让父母产生深深的挫败感，于是总想做点什么阻止它。实际上，父母对负面情绪存在误解。情绪并没有好坏之分，它只是反映了孩子内心真实的感受。父母没有必要因为孩子的负面情绪过分紧张，更何况那些负面情绪对于孩子也有着十分重要的意义。

$\heartsuit$ **03**

知乎上的一位网友说，从小到大妈妈都不允许他生气，甚至他表现出不开心的样子都会被妈妈骂。在这样的教育中，他从来不知道怎样调节自己的情绪，心情极度郁闷。

没有人喜欢负面情绪，我们总是渴望欢乐，抵抗悲伤，因此我们赞扬乐观，嘲弄消极。父母希望孩子活泼外向、积极阳光，可是却忽略了，生命中的那些负面情绪会让孩子成长。

《头脑特工队》是一部动画电影。小女孩莱莉（又译为赖利）的大脑总部中，有5个代表不同情绪的小人：乐乐、怕怕、怒怒、厌厌和忧忧。他们一同操纵着莱莉的行为。大多数时候，莱莉大脑由代表快乐的乐乐主导，大家总是想把代表悲伤的忧忧排除在外。但是一场意外让乐乐和忧忧迷失在茫茫脑海中，大脑总部只剩下掌管愤怒、恐惧与厌恶的小人，莱莉的行为逐渐失控。在莱莉准备离家出走的最后关头，历尽千难万险的忧忧和乐乐终于回到大脑总部，忧忧及时接管大脑总部，莱莉感受到了悲伤。她在家人面前哭泣，倾诉自己的内心想法，最终得到父母的安慰，重拾快乐。这时大家才意识到忧忧有多重要。

其实，不管是快乐还是忧伤，所有情绪都是我们生命的组成部分，即使那些负面情绪也在塑造着我们的行为：悲伤让我们停下来思考，变得深刻；恐惧使我们未雨绸缪，保证安全；愤怒为我们画出底线，不被侵犯；厌恶阻止我们跟风从众，活出自我。孩子的情况更是如此。

很多时候，父母不想面对的不只是孩子的负面情绪，还有由此产生的挫败、焦虑和自我怀疑。当我们认识到负面情绪的重要意义，心态就会平和许多。因为我们知道，只有让孩子实现情绪自由，他们才能形成健康的人格。

我们要接纳孩子的情绪，并不意味着我们要让孩子随意发泄情绪。孩子情绪表现最强烈的时候，也正是情绪管理训练的最佳时机。帮助孩子正确管理情绪，我们应做到以下几点。

首先，教孩子正确认识情绪，不否认。

聪明的父母不会对孩子说："别哭了，这有什么可哭的？"而是会用心体会孩子的感受，教他们如何面对自己的情绪。我们应该告诉孩子，愤怒、恐惧和悲伤都是我们的正常情绪，这些没什么大不了的，我们可以哭，可以有负面情绪，不用感到羞耻。

其次，教孩子合理表达情绪，不制止。

明智的父母不会对孩子说："再哭，我就不要你了！"而是帮助孩子了解自己的各种复杂情绪，正确表达自己的感受。

由于孩子的表达和认知能力有限，他们经常会不明原因地哭闹和发脾气。教孩子合理表达情绪，父母可以试试这样说："你现在很生气，对不对？""你的好朋友没来，所以你感到很失望。""我知道你很委屈，这种感觉很不舒服。"我们可以对孩子的感受进行复述，并告诉他"这种感觉叫××"。久而久之，孩子就能更加清楚地了解自己的感受，并且明确地表达出来。

最后，教孩子科学控制情绪，不压抑。

高情商的父母不会对孩子说："不许哭，把眼泪憋回去！"而是用更科学的方法教孩子控制情绪。我们可以把情绪具象化：给孩子准备一个小罐子，让孩子生气的时候向里面吹气，然后拿走罐子，告诉孩子"我们把不好的情绪丢掉了"。

我曾经看过一位妈妈教女儿控制情绪的小故事。她给了女儿一个小石头，告诉她当自己控制不了自己的情绪时就紧紧握住它，小石头就会吸收掉她的坏情绪。我们还可以教孩子各种控制情绪的小技巧，告诉孩子"你可以有任何情绪，但是不能让这些情绪伤害到自己或者影响他人"。

德国心理学家卡萝拉·舒斯特-布林克说："其实孩子哭的时候，最先需要处理的是家长的情绪。"我深以为然。面对情绪爆发的孩子，父母需要做的是先稳定自己的情绪，因为你对自己情绪的处理方式，对于孩子来说是最直接的示范。你大吼大叫，孩子就会又蹦又跳；你温和稳定，孩子自然会感受到平静的力量。

为人父母，孩子的喜怒哀乐都牵动着我们的内心。我们有责任培养一个乐观开朗的女孩，但是不必时时刻刻让女孩杜绝负面情绪。因为一个真正乐观、坚强、高情商的女孩，并不是没有负面情绪，而是能自由地表达情绪，拥有疏导自己各种复杂情绪的能力。

作为父母，我们应该坦然接受孩子的所有情绪，用自己的温和与稳定给孩子正确的情绪教育。或许面对孩子的哭闹、发脾气，控制好自己的情绪并不容易，但是只要我们走在不断学习和进步的道路上，就能和孩子一起，成为更强大的自己。

妈妈养育心法

难过、生气、失落、无助……每个人都会产生各种各样的负面情绪，如果总是一味隐忍，不仅不能解决问题，反而会心力交瘁，对于天生就情绪丰富且敏感的女孩来说更是如此，久而久之，坏情绪就会把女孩的内心扎得千疮百孔。学会直面情绪、排解情绪，女孩才不会掉入痛苦的泥沼。作为父母，我们可以这样做。

❶ 尽早引导女孩认知人的基本情绪，如快乐、悲伤、愤怒、恐惧、惊讶和厌恶等。命名情绪的过程中，父母可以使用情绪卡片或书籍，展示不同情绪的面部表情图片。

❷ 通过角色扮演游戏，让女孩体验不同的情绪，并说出自己对这些情绪的感受，比如可以玩"如果发生了……，你会产生什么感觉？"的游戏。

❸ 阅读有关情绪的书籍，并讨论故事中角色的感受，比如询问女孩："你认为故事中的小猫为什么会感到害怕？"

❹ 鼓励女孩记录每天的情绪，文字、绘画或是贴图的形式都可以，并定期和她一起回顾这种情绪日记，讨论她的感受。

❺ 教授女孩一些调节情绪的技巧，比如深呼吸、默默数到10、想象快乐的地方等。

女孩的心事：
揭开女孩抑郁背后的残酷真相

最近，我在网上看到一条妈妈当街训斥抑郁症女儿的视频，内心五味杂陈。

街上人来人往，女孩一脸痛苦，哭着对妈妈说："我难受，我抑郁了，你带我去看看医生吧。"妈妈一脸不解，反而指责道："装什么装，小小年纪怎么就抑郁了？我看你是不想去上学，你要气死我吗？我怎么养了这么个孩子？"女孩难受地蹲在地上，妈妈仍在质疑："这么小，怎么会抑郁？"

评论区有一位医生科普道：青少年抑郁的情况很普遍，尤其是女孩。《中国国民心理健康发展报告（2021～2022）》也显示，女性比男性患抑郁症的风险更高。

家有女儿的我们不得不认清一个事实：年纪小不等于没烦恼，我们心爱的女儿，远没有我们想象中那样快乐与坚强。

01

《三联生活周刊》曾刊登过一篇高三女生对抗抑郁的报道。女孩是一名重度抑郁症患者，她的睡眠差到极点，还常常伴有头晕、胃疼、心慌、憋气、出冷汗、毫无缘由地发烧等症状。她说："日子是黑暗的，有种陷入泥潭逃不出来的痛苦。"

其实，她也曾是一个大大咧咧、直性子的开朗女孩。初二时，因为经常被新同桌欺负，求助老师无果后，她开始变得抑郁。到中考前，她开始撕书，撕卷子，不吃不喝，每天以泪洗面。

中考前一个月，她突然恢复"正常"，开始通宵学习，大量刷题，白天还能精力充沛地上学。父母以为她终于"成熟懂事"了，却不知，没有被治愈的情绪不会消失不见，只会不断向内压抑累积。极端低沉抑郁突然切换到极端亢奋，正是双相障碍的典型症状。但这一切父母一无所知。高中住校后，人际关系再次引发她的焦虑。习惯性道歉，让她逐渐成为被霸凌的对象。她生气又无助，在家哭了好久，不愿意上学，父母却只以为她是厌学胡闹、耍脾气。最终女孩被确诊抑郁症，休学在家，才引起父母的重视。

有句话说，孩子的不幸，都可以在他的家庭里找到原因。上述故事中的女孩变得抑郁，其实是有迹可循的。从小她的生活就过于单一，没有社交，没有娱乐，只有学习。在家里，父母总是因为家庭琐事吵架。父母冷战时，她一句话不对，就会惹恼父母，所以她遇事也就习惯先自我批评。父母关系的恶化，也导致她和爸爸的关系非常冷淡。她明显感觉到自己不对劲，也就是从这时开始的。从活泼开朗到抑郁成疾，从女孩的故事里，我们可以窥见：家庭环境是主因，社交矛盾是诱因，敏感的情绪是催化剂。没有突如其来的抑郁症，只有不被察觉的心理问题。

我女儿曾在日记里写道："妈妈不喜欢我，因为我就是一个大麻烦。"女儿老师将日记发给我看时，我愣了好久才想起来，那天我正在赶PPT，女儿却闹着要问我些什么，我一脸不耐烦地推开了她。女儿在边上不走，我心里烦躁，便说了几句重话，把她骂走了。我没想到她会多想，更没想到，她什么都藏在心里不说。

这就是女孩，擅长察言观色，喜欢胡思乱想，也习惯将父母的负面情绪自我归因。当看到父母面露不快时，女孩会自责：都是我不好，又让爸妈生气了，我可能真的很烦人吧……

某综艺节目里，就有这样一个细腻又敏感的女孩。她生病做检查花了1200多元，父母表情不太好，她马上就觉得是自己拖累了父母；父母吵架，她劝不动，也觉得都是自己的错；父母生气，她马上觉得自己是累赘。她不断地自我攻击，最终患上抑郁症。

一项针对女孩和男孩大脑的研究表明，女孩能够比男孩更快地识别和读懂情绪。虽然这是一种不错的能力，但敏感也使她们更容易患上抑郁症。

所以，家有女儿，父母一定要给够她们安全感。只有那些相信自己是永远被无条件接纳的女孩，才不需要看人脸色，才不会被外界的声音困扰。她们有情绪和压力时，也会更愿意向父母敞开心扉。有安全感托底的女孩，才不会跌落谷底。

本篇开头介绍的《三联生活周刊》登载的案例中，女孩休学前，最快乐的时候是在梦里。她说："梦里我可以得到任何我想要的，说任何我想说的话，做任何我喜欢的放松的事情。然而闹钟一响，我就要回到现实生活中来，做父母的乖孩子。"

美国学者蕾切尔·西蒙斯曾指出，要求女孩乖巧、温顺、过度追求完美，将让她们背负更多的压力，当预期与现实不符时，女孩更有可能陷入痛苦和自我批评中，产生抑郁的情绪。要求女孩"乖"，其实是在杀死她们真实的自我。

从业40多年的精神科主任刘菊湘曾分享过一个案例。有个8岁的女孩，重度抑郁。妈妈不解：明明是听父母话、善于自我管理、在学校表现优秀的乖孩子，怎么就突然抑郁了？妈妈不知道的是，总是被要求谦让弟弟妹妹、承担父母的期待、当老师的好助手、成为同学的榜样，对一个女孩来说，是多么沉重的负担。

乖孩子不是没有负面情绪，只是没有机会向外释放，长期累积就以抑郁的方式呈现，向内攻击自己。乖巧的表象下，隐藏的全是不快乐。允许女孩"不乖"，允许女孩有自己的小情绪和小任性，是对父母的挑战，更考验着父母的智慧。一个敢说敢想敢做的女孩，才能活得自信且阳光。

我曾看过一位身患抑郁症的高中女生的专访。女生就读于省重点高中，她什么都好，就是人际关系处理不好，被排挤和被孤立在她的成长中经常发生。小学期间，乒乓球课外班的同学排挤她；到了初中，班里一度没有人愿意跟她做同桌；高中住校后，她几乎每通电话都会提到自己被同学欺负了，被室友孤立了，但妈妈总是不以为然："跟一个同学搞不好关系，可能是别人的问题；跟每个同学都搞不好关系，那就是你的问题了。"女儿在求救，妈妈却在质疑。最终，女生不堪社交压力，深陷抑郁。

蕾切尔·西蒙斯在《女孩们的地下战争：揭秘人际交往中的

隐性攻击》一书中指出：女孩之间常常容易陷入关系攻击和社交排斥。社交是女孩成长中避不开的话题，也是心理发展过程中非常重要的一个部分。忽略女孩社交能力的培养，就是在女孩的成长道路上挖坑。

《养育女儿：父母与健康女性的唤醒》一书中提到，5岁到10岁是女孩发展社交能力的重要时期。这个时期，父母可以多带女儿去参加社交活动，也可以邀请女儿的朋友到家里来玩，借机培养女儿的沟通能力、交际能力，以及合作能力。同时，父母还要多给女儿灌输一些社交礼仪，如微笑、问候、礼貌待人等。社交能力强的孩子，能更好地处理人际矛盾。

王丽敏教授对中学生的追踪调查显示：如果孩子长期处在家庭不和睦的环境中，更容易性格消极，表现出敏感、自卑、退缩，出现心理问题。尤其是女孩，她们的成长发育早于男孩，心思和情感都比男孩更加细腻，也更敏感，所以更容易受到伤害。

父母吵架，对孩子而言就是一场精神上的凌迟。父母攻击对方的每一句恶语，都会打在孩子心上。

心理咨询师程杰曾遇到过一个初三女孩的案例。她厌学、抑郁。咨询室里，父母你一言我一语说着女孩的情况，但说着说着二人就吵了起来。在场的女孩看到这一幕，突然撞墙大哭。原来，父母经常争吵，女孩压抑又无助，逐渐变得不爱说话，对什么都不感兴趣。用心理学理论来解释，女孩其实是代替父母"生病"了，她通过牺牲自己，来分散父母争吵时的注意力，让家庭凝聚起来。

孩子是家庭环境的产物，父母不和，受伤最深的永远是孩子。想让女孩快乐地长大，父母就要努力给女孩一个幸福的家。学会管理自己的情绪，营造一个温暖和睦的氛围，让家里充满爱的语言，女孩才能感受到力量。

《原生家庭》里有这样一段话："不管我们想不想承认，原生家庭就像是刻在灵魂深处的烙印，先是影响性格，继而影响生活态度，到最后可能就影响了整个人生。"父母的养育方式，决定了女孩一生的走向。愿所有父母都能多一点用心和关爱，成为女孩的保护伞，为女孩的成长注入营养，为她的心灵保驾护航。请谨记，教育没有回头路，别等悲剧发生，才听到孩子的"哭声"。

妈妈养育心法

家有女儿的父母，要警惕女儿的情绪问题，不要让抑郁症夺走女儿内心的阳光和脸上的笑容。

❶ 提供一个充满爱和支持的家庭环境，让女儿感受到安全感。

❷ 教授女儿一些放松的技巧，如深呼吸、冥想和瑜伽等，帮助她有效缓解压力。

❸ 多陪女儿做运动，假期还可以带她去户外骑行、徒步，这有助于女儿改善心情，释放负面情绪。

❹ 监督女儿对社交媒体的使用，避免过度接触可能引发的负面情绪。

❺ 多留意女儿生活上的变化，比如情绪、食欲和睡眠问题等。如果发现不好的征兆，要及时寻求专业人士的帮助。

父母的言行，女孩的自卑：请停止你的伤害

大年初二，我们一家人相聚在外公家，热闹极了。席间，大舅提议让孩子们表演节目，表演完才能收压岁钱。一时间，孩子们有唱歌跳舞的、弹琴的、英语朗诵的，还有一分钟还原魔方的，就连年龄最小的妹妹，也背了好几首古诗。而表姐8岁的女儿灵灵，安静地坐在角落，低头不语，想让大家忽略掉自己的存在。但她还是被大舅发现了，并点名让她唱一首歌助兴。灵灵鼓起勇气开了口，结果还没唱到一半，就被弟弟嘲笑跑调了，一时间，孩子们都哈哈大笑起来，大呼"跑调王"。一瞬间，灵灵羞红了脸，不知所措。

旁边的亲戚连忙打圆场说："没事没事，咱们其他方面优秀就行了，是吧？"可一旁的表姐不但没有顺势给女儿台阶下，反而"补刀"道："看她那没出息的样，啥啥都不行，考试也经常不及格，将来高中都不知道能不能考上。"彼时，灵灵的脸涨得更红了，两个小手紧攥着裤子，头也垂得越来越低。我连忙把她带进房间安慰，她却哭着说："妈妈说得对，我真的很差劲，我这不行那也不行，我还是不要出去给她丢脸了。"

让孩子感觉自卑的方式有千百种，而在大庭广众之下，让孩子抬不起头来，无疑是最残忍的一种。现实生活中，父母最常犯的错误就是，孩子当众出丑时，他们没有去维护孩子，而是在孩子的伤口上撒盐，把孩子伤得体无完肤。

知乎上有人问：小时候过年哪个场景让你记忆深刻？本以为答案会温馨而美好，未曾想，近3000条回答几乎都是被说出糗事，被当众揭短，被嘲笑调侃。

有网友说，有一次，不过是多吃了一碗饭，结果本来就有些紧的上衣"嘣"的一声裂开了，从腋下一直裂到衣摆。自此，逢年过节，哥哥总是把这件糗事拿出来说。她气得直哭，妈妈却一脸无所谓："谁叫你不长脑子，净长肚子的。"被嘲笑时，她已经很难堪、很受伤了，可妈妈的话，无异于再给她浇一盆冷水，让她从头冷到脚。以至于到现在，减肥一直是她的执念。每次只要多吃一口饭，她就自责不已，甚至要强行让自己吐出来。也因为减肥，她脱发严重，睡眠不足，月经失调。

很多时候，伤人的从来不是拳头，而是舌头。大人觉得没有恶意的"玩笑"，早已在孩子心里掀起了惊涛骇浪，成为孩子一生难以愈合的伤疤。

还有网友回忆说，小时候过年放鞭炮，因为不小心摔了一跤，直接把门牙摔掉了。第二天村里搞活动时，便有很多小伙伴嘲笑她说话漏风。一旁的爸爸看见她被嘲笑，不仅没有护着她，反而把她当时一嘴泥巴和血水的样子当作笑料说了出来。一时间，全场哄堂大笑。她说："大庭广众之下出丑，就像全身被扒光了一样难堪。"那一刻，一股强大的羞耻和悲愤之情涌上心头，瞬间将她的自尊心撕得粉碎。本该愉快温馨的春节，变成了一场她再也不愿经历的噩梦。直到现在，她都见不得人家笑，她不自觉地认为人家是在嘲笑她，每天活得拧巴而压抑。

当众出丑，对孩子而言，从来不是一件小事，而是巨大的伤害。

从专业角度来说，情绪记忆，尤其是那些源自视觉的记忆，往往难以被遗忘。那些触动我们情绪的画面，比起平淡无奇的场景，更能深深地印在我们的脑海中。这类记忆，因其与情感体验的紧密联系，被称作"情绪记忆"。当众出丑、被嘲笑，对孩子的情绪伤害很大。对童年受伤经历的记忆，会植入潜意识深处，不断折磨着孩子的内心，甚至影响孩子一生，这就是我们所说的"童年阴影"。

02

　孩子从四五岁开始，就已经会顾及面子，有了自尊心和羞耻心。父母维护孩子的面子，就是保护孩子的自尊心。一个孩子，如果自尊心总是被践踏，那他的成长之路往往异常艰难。

　教育专家尹建莉曾分享过一个患者的案例。女孩5岁时，有一天不小心尿床了。妈妈有些生气，一边抱着湿褥子往外走一边说："这么大的孩子了还尿床，晒到外面让别人看到，真是丢人。"当时他们住的是大院平房，周围邻居很多，女孩顿时觉得颜面无存。

　从此，她陷入了"尿床魔咒"：隔三岔五尿床，一直持续到成年。童年时治不好的尿床、邻居们的指指点点，再加上父母的挖苦讽刺，这些经历带来的羞辱感，深深地烙印在她的性格里，变成了长大后挥之不去的自卑与压抑。考大学时，为了避免被熟人嘲笑，她放弃了家门口的重点大学，选择了离家很远的一所普通大学。大学时，自卑的心理，让她拒绝了所有对她有好感的男生，直到中年。

　作家毕淑敏说过，孩子的成长，首先是从父母身上确认自己的存在。如果连最亲的人，都不顾孩子的尊严，否定孩子的价值，那么孩子是无法看到自己存在的意义的。

　孩子虽小，但面子事大。每一次出丑，都是在折下孩子面子的一角。每一次受辱，都是割裂孩子自尊的利刃。久而久之，孩子只会把自卑和抑郁活成人生的底色。

一次我们公司团建，大家吃饭的时候聊起了养育的话题。我那个平常工作中就很强势的上司，说自己非常擅长"护犊子"："过年的时候，人家让我女儿背诗，我会说让我来背，要不给大家唱个歌都可以。"当时大家都笑她，但上司觉得自己没做错。因为她知道，女儿天生内向、容易紧张，饭桌上的这种要求，会让女儿焦虑不安，万一因此出丑，女儿更会留下心理阴影。

同济大学陈家琪教授说过："尊严是文明，但又像一层贴在脸上的东西一样容易脱落。"有远见的父母，都懂得站在孩子这边，守住孩子的自尊底线，呵护孩子内心的健康。

在《不完美的礼物》一书中，有这样一个小故事。妈妈带着8岁的女儿逛百货公司买鞋子。恰巧当时卖鞋子的专柜在放一首流行歌曲，她的女儿情不自禁就跳起了舞来。这时，专柜旁边有几个大人也带着孩子来买鞋子。他们盯着跳舞的女儿，有的脸上露出取笑的表情，有的则交头接耳、指指点点。女儿顿时觉得难堪，停了下来，无助地望向妈妈。看到别人对女儿议论纷纷，妈妈虽然也觉得很尴尬，却还是笑着鼓励："你可以把稻草人的动作加进去呀！"

一句简单的话，却给了女儿莫大的能量，于是她继续开心地跳起舞来。而妈妈也认真地欣赏着女儿的即兴表演，不再管别人异样的目光。

妈妈说："我不想'背叛'我的女儿，我选择站在女儿这边。"和孩子站在一边，就是选择和孩子一起一致对外，帮孩子挽回面子。这样的守护，会给孩子的自尊注入养分。

教育家苏霍姆林斯基也说："儿童的尊严是人类心灵里最敏感的角落，保护儿童的自尊心就是保护儿童的潜在力量。"每个孩子在成长过程中都需要这样的力量。父母替孩子撑腰，孩子才能一生抬头，活出舒展而自信的模样。

在孩子的成长过程中，父母的反馈和评价会影响他们的自尊心，从而塑造他们的行为。孩子出丑时，父母不同的反应和态度，决定了孩子不同的人生走向。希望父母都能明白：我们要面子，孩子也要，这是孩子的自尊。我们爱面子，也要维护孩子的面子，这是对孩子的尊重。我们对孩子的每一份共情和维护，都将化作孩子内心成长的动力。

愿父母都能保护好孩子的自尊，给他们多一点温暖和尊重。一个自尊自爱的孩子，才能活得无所畏惧，自信而坚定。

☌ 妈妈养育心法 ☌

孩子的世界很小，所有的小事对孩子而言都是大事。很多时候，女孩的自尊心远比父母想象的要强，守护女孩的自尊心，就是守住她的心理防线。

❶ 避免在他人面前批评或羞辱女孩，尤其是在公共场合或亲戚朋友面前，一定要学会保护女孩的隐私。

❷ 不要拿女孩与他人进行比较，尤其是兄弟姐妹之间或同龄人之间。作为父母，我们要看到每个孩子的独特性和价值。

❸ 教会女孩如何面对失败和挫折，帮助她理解失败是正常的，最重要的是从失败中吸取经验。

❹ 根据女孩的能力和兴趣设定目标，避免过高的期望导致她遭受不必要的挫折，同时，告诉女孩如何拆解目标、制订方案，最终达成目标。

❺ 在女孩遇到困难或情绪低落时，提供安慰和鼓励，让女孩认识到，父母永远和她站在一起。

妈妈拥有放手的勇气，女孩才能更加自立

你听说过《翠鸟移巢》的故事吗？翠鸟一开始喜欢将巢筑在高处，以避免灾祸。等到孵出小鸟之后，翠鸟觉得鸟巢的位置太高了，它害怕小鸟不慎跌落，便将鸟巢往下移了一些。小鸟长出羽毛之后，翠鸟愈加担心小鸟的安危，于是又继续将鸟巢往下移。几番过后，路过的行人看见巢中的鸟儿甚是美丽，轻而易举便将其捉走了。

有了孩子以后，我们不知不觉就变成了"翠鸟妈妈"，对孩子始终存着一颗放不下的心：小时候，怕孩子饿着冻着，所以总忍不住事事代劳，面面俱到；稍微大点，又开始担心孩子的学习、社交、生活习惯，所以总想着多叮咛、多嘱咐。尤其是女孩，总觉得她更脆弱，应该被更多地关心照顾。

古语说："爱之太殷，忧之太勤……虽曰爱之，其实害之；虽曰忧之，其实仇之。"有时候，爱一旦失了分寸，只会演变成伤害。

01

心理教育专家陈默曾在一次演讲中谈到了自己的亲身经历。她遇到过一个小学二年级的女孩,死活不吃学校里的饭,每天都要带零食去学校。女孩妈妈向她求助,经过一番交流才知道,从女孩上学第一天起,妈妈就无比紧张,每天拉着女孩不停地询问:"今天中午吃什么了?都有哪些食材?是怎么烧的?"就连番茄炒蛋,也要问"到底是番茄多还是鸡蛋多"。正是因为妈妈对孩子的吃饭问题担心太多,总觉得孩子在学校不吃饭、吃不好,所以女孩慢慢就什么也不吃了。

她还遇到一个举止怪异的一年级女孩。只要有男孩稍微靠近她,她就开始不停地哭。男孩跟她说话,她就把头偏到一边,并且坚决不跟男孩同桌。老师觉得这个女孩很奇怪,建议女孩妈妈去找心理医生看看。陈默和女孩妈妈聊完后发现,问题也出在妈妈自己身上。出于对女儿的担忧,这位妈妈经常在女儿耳边不停地念叨:"要小心身边的男孩。他们欺负你,你要打回去;他们要是靠近你,也要随时注意……"久而久之,女孩产生了对异性的恐惧,随后出现了问题。

陈默说:"一个母亲在哪件事上对孩子的心很重,孩子早晚在这件事上会有麻烦。"正如墨菲定律所指出的那样,你越是担心什么,那么它发生的概率就越大。因为父母的每一次担忧,都在向孩子传递焦虑。你不停担心和嘱咐,就是在暗示孩子:你很挑食,你需要保护，没有我你干什么都不行……长此以往，孩子会不断在内心强化这些负面暗示，变得越发紧张、怯懦、不肯相信自己，从而做什么事都没有自信。结果就是你越是想竭力避免的事情，越容易在孩子身上发生。

心理学专家曾奇峰说："一定程度的担心如果饱含爱意的话，那么过度的担心就等于诅咒。"父母的过度担心和害怕，把一个生命本来的力量削弱了，让孩子麻烦不断，渐渐变得脆弱和无能。就像翠鸟妈妈，因为担心孩子，最后却把孩子推向了深渊。

知乎上一位网友曾分享自己的经历。从小到大，她听过最多的话就是"不行""不可以""不安全"。18岁那年，她想和朋友们去爬山，可妈妈却说："你知道那座山上每年摔死了多少人吗？"到了大学，她每次外出都得和妈妈报备，并且必须每隔一到两小时就打电话或者发定位报平安，否则就会收到连环电话的轰炸。在家庭微信群中，妈妈也总会发一些诸如女大学生被欺骗、被谋财的文章。随着年龄的增长，她对这种关心越发反感和厌恶。在这种氛围下，她觉得世界很灰暗，整个人也开始变得提心吊胆、疑神疑鬼，甚至经常失眠。

很多时候，父母的出发点是爱，可到了孩子这里，这种爱已经演变成了控制，孩子感受到的不是温暖和快乐，而是巨大的痛苦和挣扎。

一位心理咨询师分享过一个案例。有个女孩一踏入校门，就会感觉头晕、难受、莫名地烦躁，看了很多医生，吃过很多药，但都没什么作用。经过一段时间的接触，咨询师发现，女孩的症状其实与妈妈的过度关心和过度干涉有关。

每天回到家，妈妈都会不厌其烦地问她："你今天怎么样？你今天开心吗？"直到上了大学，还是要问："在学校吃得好不好？每天穿什么衣服？"总而言之，妈妈的生活就是整天围着孩子转，一点空间和自由都不给孩子。这让女孩感觉窒息，因此她总是唉声叹气，整天都消极低落。

《父母与青少年》一书中，将这种父母称为"直升机父母"——小到生活琐事、吃喝拉撒，大到工作安排、娶妻生子，父母无时无刻不在孩子头顶盘旋，对孩子保持密切关注，不断确认孩子的状况，随时准备介入。

这种教养方式使孩子没有了自我，只会感到窒息和绝望。他们无法为自己做主，也无法独自面对生活中的困境和失败，心理上永远还是个孩子；就如同没有练习过展翅的小鸟，永远无法拥有搏击长空的力量。

自媒体人刘娜曾说，总是担心孩子，才是对孩子自信的打压，也是对孩子能力的扼杀。因为过度担心的本质，是对孩子的不信任。因为不相信孩子能做好，所以我们会替孩子做好一切。可事实上，当我们给予孩子足够的爱、信任和期待，孩子回馈给我们的也是不一样的惊喜。

作家罗怡君在书中讲述过自己女儿的故事。女儿小时候，她担心女儿看太多的电视，害怕女儿吃太多的零食，总是忍不住耳提面命。后来女儿和她设置了一个"同意日"，这一天无论女儿提出什么要求，她都必须无条件答应。她本以为女儿会借此机会，毫无节制地看电视、吃零食，可结果却出乎她所料。女儿当天表现得非常自律，并且告诉她："你为什么不肯相信我呢？我会控制自己，不会一直看电视、一直吃零食。"

父母常常低估小孩的潜力，继而会给予过度的保护和限制，最后让本该自信的孩子怀疑自己，渐渐变得无能。吉勒博阿博士曾提醒父母："每当你有替孩子解决问题的冲动时，记得要后退一步。"父母往后退一退，孩子才有成长的空间。

一位从事多年教育工作的校长，却对女儿的学习和成长束手无策。强势的她，早早替女儿规划好了以后的路。为了给女儿找到更好的学校，她耗费心力，让女儿接连转学。可女儿学习的热情一天不如一天，成绩也一落千丈。女儿的转变，是在她痛定思痛把自主权还给女儿之后发生的。女儿独立完成了海外学校的申报，选择了自己喜欢的服装设计专业，并且顺利通过了考试，拿到了好几所学校的录取通知书。毕业后，女儿又很快开始创业，成立了自己的服装品牌。当女儿跳出了她的安排，一切都在向着更好的方向发展。这个时候，她才彻底明白，原来自己对女儿的担心完全是多余的，甚至是在阻碍女儿的成长。她自以为有能力替女儿选择人生的路，却忘了信任和放手才是父母最该有的态度。

卢勤在《好父母 好孩子》中说过，信任能使人产生强烈的责任感，充分挖掘自身潜力，释放能量。一个被充分信任的孩子，会拥有"我很好、我能行""我一定能做到"的强烈信念，所以往往内心强大，无所畏惧。

心理学家克里斯·梅诺说过，当孩子没有足够的空间来独自面对问题时，他们就无法学会解决问题。你追着孩子喂饭，孩子就学不会自主进食；你怕孩子摔倒和受伤，这不让干那不让玩，孩子就不会有自理的能力；你一次次急着帮孩子解决冲突，孩子就会习惯依赖父母；你担心孩子走了弯路，事事替他谋划做主，他就永远无法对自己负责。

十月怀胎，辛苦生下孩子，我们总免不了为他牵肠挂肚。但其实，我们所担心的那些问题，恰恰是孩子成长过程中获得的礼物。孩子需要在不断尝试、探索、犯错、纠错的过程中，积累经验，学会选择，继而成为一个真正独立的人。

我们要做的，是爱他、信任他、引导他，将未来的选择权交给他自己。像定海神针一样给予他安全感，是父母对孩子最大的支持。

⠀妈妈养育心法⠀

很多女孩身心健康出现问题，往往不是因为父母不管，而是因为父母管得太多，几乎天天看着孩子，操心着孩子的点点滴滴，可越是这样，孩子反而越容易出问题。所以，家有女孩，我们要做到以下几点。

❶ 为女孩设定清晰、合理的规则和边界；需要注意的是，这些规则应随着女孩的成长而不断调整。同时，我们要确保女孩了解边界的重要性和越界的后果。

❷ 相信女孩能够做出正确的决定，即便她可能会犯错，也要让女孩知道父母愿意信任她，并相信她具备解决问题的能力。

❸ 从让女孩做简单的决定开始，比如选择自己今天要穿什么衣服，或是决定晚餐吃什么，逐渐扩大她的责任和决策的范围。

❹ 教授女孩必要的生活技能，比如财务管理、时间规划、自我保护等，确保她能够独立处理问题。

❺ 确保女孩知道在遇到困难时可以向父母寻求帮助，并在女孩需要时提供必要的资源。

第4章

社交引导心法

告别社交内耗：
5 个 TED 演讲教女孩勇敢做自己

最近，我在后台看到了这样一则求助信息："我女儿今年上初一，她平时特别喜欢跟朋友一起玩。但我能明显地感觉到，她一直在讨好别人。女儿是班里的劳动委员，有什么脏活累活，或是其他同学不愿意做的值日，只要跟她说一声，她就会自己揽下；跟朋友一起出去玩，她永远是帮人家跑腿、拿东西的那个人；就连被同学当面吐槽为'马屁精'，女儿也只是尴尬地笑笑。我一方面生气女儿不懂拒绝，太过卑微；另一方面又很心疼她，我该怎么做才好呢？"

其实，这个女孩的情况并非个例。《女孩们的地下战争：揭秘人际交往中的隐性攻击》一书指出，相比男孩，女孩的大脑更聚焦于交流和人际关系，对同伴的服从性更高，也更容易遭遇关系攻击和社交排斥。这也就解释了，为什么那么多的女孩一不小心就会陷入社交内耗中。

这种内耗必然会让女孩疲惫不堪、伤痕累累。如果你家女儿也有类似的困扰，作为父母的你又不知道该如何帮助她的话，不妨趁着周末带她一起看看这5个经典TED演讲，让女儿拥有强大的内心，远离不断消耗自己的关系，更加轻松自在地生活和学习。

《女性愤怒的力量》：脾气越好的人，越没有朋友

心理学上有一种说法：得抑郁症的都是好人。如果一个人从来都不懂得攻击别人，也没有发泄负面情绪的渠道，那么他就只能选择攻击自己。

在这个演讲中，作家索瑞雅·坎梅莉就坦言，自己花了很多年时间才学会生气。因为从小到大，周围人一直在告诉她，愤怒是一种错误的情绪，它会让女孩变得粗鲁和不可理喻。在这种潜移默化的观念的影响下，哪怕她有再正当的理由，哪怕她已经气到发抖，她也只能压抑忍耐。可她的一再忍让，不仅不会让自己开心，更不会换来应有的尊重。

其实，就像心理学家弗洛伊德说的："任何关系，我们都要敢于用愤怒守住自己的边界。人没有愤怒，就像一个国家没有武装。"

很多女孩总以为自己性格温和，毫无保留地对别人好，就会有更多人喜欢自己。但事实却是，你越不发火，别人越爱欺负你；你越退让，别人越得寸进尺。所以，我们一定要告诉女孩：你可以不发脾气，但不能没有脾气。无论何时，都不要轻易丢掉自己的攻击性；接纳自己的每一种情绪，才是值得被爱、被尊重的开始。

《我从"被拒100天"学到的》：就算被拒绝，也不妨碍你走好自己的路

有人说，这是史上最励志的TED演讲。因为它不仅让大众了解到华裔青年蒋甲的故事，还激励着数千万内耗、犹豫的青少年大胆做自己。

6岁时，小蒋甲遇到了一件事。当时，老师想到了一个主意，她让所有同学把自己带的礼物放在教室前面，再让孩子们自发地赞美别人，而被赞美的人可以上前领取一件礼物。班里一共40人，每当蒋甲听到别人被赞美，都会由衷为他们鼓掌、喝彩。可到最后，班里只剩下了包括他在内的3个人没有得到礼物，却没有一个同学想要赞美他们。蒋甲忍不住哭了起来，老师也感到尴尬不已，只好让他们去随便拿一个礼物，并告诉他们未来好好表现，这样别人就会赞美他们了。这次经历让蒋甲对被拒绝这件事变得格外敏感，以致多年后，他的事业也因此停滞不前。

为了突破自己，他决定，挑战连续被人拒绝100天。于是，他向陌生人借100元钱、请求店员多给自己一个汉堡、在陌生人的院子里种花……一开始，蒋甲一旦察觉对方有拒绝的意图，就会迅速道歉跑开。但后来，他逐渐学会了先倾听别人拒绝的理由，再为自己争取，将"不行"变为"可以"。就这样，他买到了奥运五环形状的甜甜圈，体验了当咖啡馆的迎宾人员，还在大学里给学生上了一堂课……更重要的是，他不再会因为别人的拒绝而否定自己。

心理咨询师徐慢慢说："被拒绝是一种很正常的现象，它既不代表你不够优秀，也不代表对方有意要伤害你。"看完这一演讲，请各位家长告诉你的女儿：没有人可以做到不被拒绝。但别人在这件事情上拒绝了你，并不代表你整个人有什么缺陷。就像一阵风刮过，你要做的，不过是拍拍身上的灰尘，投入下一次的尝试与挑战中。

《外表不是一切：相信我，我是模特》：长得漂亮是优势，活得漂亮才是本事

很多女孩自青春期开始，甚至更早，就不自觉地被主流审美所绑架。潜移默化之下，很多女孩出现了严重的身材焦虑、外貌焦虑，然后千方百计节食，甚至整形，只为了腰再细一点，眼睛再大一点。

然而，全球知名超模卡梅伦·罗素在演讲中告诉大家：一味追求外在美是荒诞的、没有意义的。因为即使是那些外人眼中拥有最瘦的大腿、最具光泽感的头发，每天身穿最漂亮衣服的顶级超模，也依旧觉得自己不够瘦、不够美。所以，与其追求极致的美貌，不如想办法活得漂亮。有句话说得好：没有人能一直活在最美的年华里，但是有人在单打独斗中，活出了最美的自己。相信看完这个演讲，女孩们会明白：长得出众的确是一种优势，但容貌就像考试中的附加题，想要活得漂亮，我们更应该做好那些生活中的必答题。当你不再因别人的评价而摇摆自卑，更专注于自己感兴趣的领域时，你才会收获灿烂的人生。

《你忍让什么，你就焦虑什么》：可以拒绝别人，不必为难自己

美国社会学家霍克希尔德曾提出过一个概念叫"情绪劳动"。他指出，除了日常的体力和脑力劳动外，还存在一种极易被忽视的劳动，也就是情绪劳动。当一个人总是过度焦虑或纠结某件事时，就会陷入巨大的消耗中。

伊莎贝尔·默西埃在演讲中提到，自己9岁时，有个性格嚣张跋扈的小女孩命令她去商店里偷一盒香烟。伊莎贝尔不想去，但又不知道如何拒绝，于是只能天天躲着对方。在很长一段时间里，伊莎贝尔都处于精神紧绷、情绪内耗的状态中，直到妈妈告诉她：想要活得轻松自在，就不要让任何人和任何事，轻易占据自己的情绪。

意识到这一点后，伊莎贝尔便不再畏首畏尾、思前想后，她开始想做什么事就大胆去做，不想做的事就第一时间拒绝。而她也惊喜地发现，这样一来，自己的人生反而成了旷野。

看完演讲后，父母不妨把演讲中的故事也分享给女儿听，告诉她：每个人都像一辆在路上飞驰的汽车，如果将80%的能量用于纠结、逃避，只用20%来前进，那势必跑不快；只有用100%的能量去奔跑，才能远远甩开其他车辆。学会拒绝，告别内耗，就是对自己最大的负责。

《女孩要勇敢而不必完美》：真正的强大，是从敢于独来独往开始的

在很多人的刻板印象中，技术、工程、数学等领域之所以男性占主导地位，是因为男性在这些方面比女性更有天赋。但印度裔女性拉什玛·萨贾尼却在演讲中告诉了我们另一种真相：这是因为女孩总被教育要完美，从而不敢尝试。就像她自己，一直以来都被告知不要冒险，要考第一，要保持微笑。但事实上，我们来世间一遭，是为了体验丰富多彩的人生，而非将自己困在条条框框中束手束脚。因此，33岁的她决定去参选国会议员，并成立了一个教女性编程的机构，只为让更多的女性意识到：自己可以犯错，可以失败，永远不必觉得"我失败了，一定是我哪里有问题"。

正如海蓝博士所说："爱上不完美的自己，改变能够改变的，接纳不能改变的。那么，不管人生如何跌宕起伏，我们都能活得宁静和谐。"

生活中，不少女孩之所以被社交所累，就是因为一直被教育不能出格，要合群。久而久之，她们就在随波逐流中失去了勇气和力量。但要知道，很多我们以为的合群，多半是无效社交和精神内耗。相信看完这个演讲后，很多女孩一定会明白这个道理，不再害怕因太过优秀而被孤立，也不再恐惧跟同龄人没有共同话题而人云亦云。弱者才成群结队，强者总是独自修行。勇敢踏出第一步，尝试另一种活法，你的生活也许会轻松很多。

美国心理治疗师洛莉·戈特利布在《也许你该找个人聊聊》

一书中有这样一段话："当我们感到脆弱的时候，我们就像是生鸡蛋——如果摔到地上，蛋壳就破了，蛋黄和蛋白四处飞溅。但如果我们的内心变得更富有弹性，那我们就会像是煮到全熟的鸡蛋——即使掉在地上受到震荡，也不会完全破裂，不会把周围搞得一塌糊涂。"

如果我们的女儿，都能像全熟的鸡蛋那样，有一颗不易碎的心，那么所有的困境都会化作光明的坦途。一颗强大而丰盈的内心，是父母送给女儿的最好礼物。请带女儿一起看看这5个经典演讲，帮助她修炼成为更好的自己。

妈妈养育心法

心若不动风又奈何。事实上，没有人的一生是一帆风顺的，但内心强大的人，哪怕遇到再多困难和挫折也不会被轻易打倒。我们无法守护女儿一辈子，但是可以尽早把她培养成一个内心强大的人。

❶ 让女儿多了解不同领域成功女性的案例，无论是历史人物、文学作品中的角色，还是现实生活中的榜样。

❷ 帮助女儿养成成长型心态，相信自己有能力通过努力来提高现有水平，并将遇到的挑战视为成长的机会。

❸ 给女儿足够的自由，让她在一定的范围内做决定，并支持她独立完成任务，哪怕有可能会犯错误。

❹ 不仅要庆祝大成就，也要注意到女儿的小进步，让她知道她的努力和进步是能被看到的。

❺ 在与女儿交流的过程中多使用积极的语言，比如"你可以做到"或"我相信你"，避免使用批评和负面的话语。

警惕"毒友谊"：如何让你的女儿远离伤害

一天，女儿放学后，红着眼圈问我："妈妈，能不能给我50块钱？"女儿说，同桌想在期末考试时抄她的卷子，而且说"不让抄就不跟你玩，除非你给我50块钱"。我听了之后既心疼，又愤怒。不是我小题大做，而是女儿这个同桌真的"有毒"。开学第一周，她就嘲笑女儿胖；女儿不举手发言，她又嘲笑女儿"胆小"，说她是"笨蛋"。

看到女儿每次都被弄哭，连性格也变得更内向沉默了，作为家长的我怒不可遏。更让我心疼的是，女儿担心同桌以后不跟她玩，居然战战兢兢地说："要不明天就先给她50块钱吧。"我长叹一口气说："她都让你这么难过了，为什么还想着跟她玩？妈妈宁可你没朋友，也不能交这样的'毒朋友'。"

心智不成熟的孩子遇到"毒朋友"，无异于一场灾难。

我曾在网上看到过一个妈妈的吐槽：我女儿被小伙伴欺负了，明明很难过，可还要去讨好对方。女儿经常把自己舍不得吃的零食给小伙伴，新买的玩具没玩几天也送给她。因为这个小伙伴经常用"你不×××我就再也不跟你玩了"来对付女儿，每次都把她弄得很伤心。更可气的是，两人和好之后，这个小伙伴还对女儿说："我原谅你了。"于是女儿又为她的"大度"感激涕零，根本没有意识到自己没有错。这种情况看似是自家孩子没骨气，其实是受了"毒朋友"的荼毒。

美国心理学家埃琳·莱纳德博士指出："'毒朋友'最危险的地方在于，总有办法让人感到自卑、焦虑、不舒服，从而侵蚀一个人的自我意识，损害他的心理健康。"

我曾在后台看到过一位女生的来信，她说自己曾患有抑郁症，严重时手抖、耳鸣，需要吃药才能缓解，而这一切，都与她学生时代遭遇的"毒友谊"分不开。中学时期，班里有一个同学经常欺负她，指使她跑腿，逼着她给自己写作业，甚至在班里大声朗读她的日记。

正是这段经历，让这个女生变得敏感、自卑，总觉得别人不喜欢自己。孩子的世界虽小，烦恼却不小。"毒朋友"即使没干什么惊人的坏事，哪怕只是搞一些恶作剧，也足以摧毁孩子的内心。

02

有调查显示，在青少年罪犯中，相当一部分是因为交友不慎而误入歧途。

电影《少年的你》中，有一个叫徐渺的女生，她看起来乖巧听话，然而谁也没想到她竟然是霸凌者的帮凶，她也因此背上了处分，在高考前险些被开除，父母急得给老师下跪，以求给她继续求学的机会。

年少时犯过的错还有机会弥补，但如果不懂得交友之道和识人之明，那么长大后很容易误入歧途。

一位警官在某节目里分享了一起校园霸凌案件。一个身穿校服跪在地上的女孩，被10多个穿着同样校服的学生轮流扇巴掌，其中有6个孩子压根不认识这个女孩，仅仅是出于"义气"，就对眼前的陌生女孩拳脚相加，成为校园霸凌者。

英国儿童心理学专家鲁道夫·谢弗说："同伴友谊对孩子的影响力很大，有时候甚至会超出父母对孩子的影响力。"随着年龄的增长，孩子逐渐走出家庭，朋友很大程度上会影响他的行为和性格。"与不善人居，如入鲍鱼之肆，久而不知其臭。""毒朋友"的行为习惯在潜移默化中影响着孩子，轻则带坏孩子的品行，重则带来牢狱之灾。

03

　　杭州有个叫小兰（化名）的女孩，梦想考入某传媒大学，高考查分时，她的分数本应该可以上线，结果录取名单里却没有她的名字。她给招生办打电话询问才知道，有人用她的账号登录了志愿填报系统，篡改了她的志愿。篡改者就是她的好朋友小柯（化名）。小兰找到小柯，质问她为什么要这么做，小柯却说："我这都是为你好呀，以你的能力上这个大学太可惜了，我希望你再复读一年，上更好的大学，我是一片好心……"她的"好心"，害得朋友十年寒窗却名落孙山。这样的"好心"，想想都令人心惊！

　　比起陌生人突然露出的狰狞面孔，更可怕的是身边最信任的人笑着闹着，却突然戳你一刀。"毒朋友"之害，远胜于一个狰狞的陌生人。后者虽然危险，但能激起人的警惕之心；而前者打着"朋友"之名，却行着"伤害"之举，让人防不胜防。

04

　　也许有家长会说："既然'毒朋友'的危害这么大，不让孩子跟他玩不就行了？"

　　残酷的现实是，孩子未必听家长的话，尤其是女孩，天性爱结伴玩耍，即使被"毒朋友"欺负了也不想轻易放弃。所以，我们与其逼迫女孩别跟"坏孩子"玩，不如引导她学会鉴别友谊，保护自己。

关注女孩的交友情况，早发现早干预。电影《我们的世界》中的女孩李善经常闷闷不乐，妈妈因为好奇询问她时，爸爸却不以为然地说："小孩子会有什么（心）事？不就是上学、读书、跟同学玩而已……"他根本没发现女儿脸上的伤疤，那是被"毒朋友"宝拉挑唆与人打架所致。爸爸更不知道，女儿为了讨宝拉的欢心付出了什么：替她做值日、为她编手链、送她小礼物……什么都听她的。可换来的是宝拉的戏弄、欺骗、嘲笑。孩子虽然单纯，但是不懂得克制自己的恶意，更容易伤害他人。所以家长平常要多关注自家孩子的一举一动。

埃琳·莱纳德博士总结出了"毒友谊"的一些典型特征，能够帮助我们更好地了解孩子的社交情况：

这段友谊让孩子难过、哭泣、自信心下降，甚至产生厌恶自己的想法；

孩子会忍不住讨好"毒朋友"，勉强做自己不喜欢的事，甚至被要求"做坏事"以示忠诚；

孩子的想法总是不被"毒朋友"重视，还经常被"毒朋友"嘲笑、轻视、贬低。

家长若发现孩子有以上情况，要及时干预，及早帮孩子脱离"毒友谊"的旋涡，引导孩子远离不舒服的关系。孩子阅历有限，没有分辨真假友谊的能力，因此家长要让孩子明白，让人不舒服的关系都是错的。孩子小时候，家长可以给他讲一些有关平等交友的小故事，让孩子在故事中明白，自己的尊严、物品、身体等神圣不可侵犯，即使是朋友也不可以。等孩子到了青春期，家长的唠叨和干涉难起作用了，这时候给孩子一些善意的提醒就行了。

李玫瑾教授讲过一个方法——先把孩子那个不好的朋友的一些不良行为点出来，再告诫孩子："你们可以做好朋友，但有些事不要受他影响！你可以想办法影响他，让他变成你这样的好人。"以孩子感到舒服的方式引导，他才更能接受家长的建议。

很多孩子不会拒绝，即使被伤害也不舍得放弃"毒朋友"。所以家长还要让孩子了解真正的友谊是什么样的。

下面归纳了真朋友与"毒朋友"的8个区别，我觉得很有价值，大家可以参考。

❶ 真朋友祝贺你的成功，"毒朋友"嫉妒你的成功。

❷ 真朋友知道你也需要个人时间，"毒朋友"却逼迫你随叫随到。

❸ 真朋友会帮你保守秘密，"毒朋友"却宣扬你的隐私。

❹ 真朋友关心你，"毒朋友"却针对你、打击你。

❺ 真朋友喜欢跟你交换想法，"毒朋友"只想你听他的话。

❻ 真朋友想你时就联系你，"毒朋友"有事需要你才联系你。

❼ 真朋友接纳你，"毒朋友"却想控制你。

❽ 真朋友珍惜你们的友谊，"毒朋友"很容易对你发脾气。

家长要做的，是让孩子明白：健康的友谊是双方地位平等、能互相促进、彼此获益，而不是令人难过和不安。

有时候，孩子宁可委屈自己也要跟"毒朋友"一起玩，这时候就要家长去了解原因了。

"毒朋友"身上往往有一些吸引孩子的东西，比如敢打架斗殴、社会经验丰富，或者拥有一些孩子缺少却渴望的东西。家长及时觉察孩子的心理诉求，填补他的需求漏洞，"毒朋友"才会对他失去吸引力。谢觉哉曾指出："和好人交朋友，受到朋友的帮助，自己就随着好了，所谓'与善人居，如入芝兰之室，久而不闻其香'；与坏人交朋友，受到朋友的侵蚀，自己就随着坏了，所谓'与不善人居，如入鲍鱼之肆，久而不闻其臭'。所以我们要知道'择交'，要交'益友'，不交'损友'。"

引导孩子交益友，不交损友，这是关系到孩子一生的教育。李玫瑾教授曾在演讲中表示：孩子交朋友时，我劝你做个"势利"的妈妈。只要是为孩子好，"势利"一点又何妨？"毒朋友"害人一生，真朋友让孩子一生受益。孩子和谁一起玩，决定了他会成为什么样的人。

女孩的成长之路上，社交是一道必考题。想要让女孩顺利融入群体，远离"毒友谊"，父母的努力不可少。

❶ 让女孩了解真正的友谊是什么样的，教女孩识别"毒友谊"。

❷ 监督女孩的社交日常，了解她的朋友圈，并尽量认识她的朋友及其家长。同时，对女孩的外出活动给予适当的关注，确保她在安全的环境中交友。

❸ 教会女孩说"不"，面对让自己不舒服的要求时能够坚决拒绝，并告诉她，无论何时，都不必为了取悦他人而违背自己的意愿，爱护自己才是最重要的。

❹ 当女孩遭遇"毒友谊"时，父母可以适当介入，与学校老师或对方家长进行沟通，共同解决问题。此外，父母还可以帮助女孩找到新的社交圈子。

❺ 持续关注女孩的社交状态，必要时可以寻求心理咨询师的帮助。

如何帮女孩建立健康的社交圈

我是无意间知道女儿的"秘密"的。

她最近经常在学校玩"猫和主人"的游戏。她是那只"猫"，听她说，至少有七八个同学是她的"主人"。每天课间，她要无条件地听从"主人"的安排。

我非常震惊，没想到小学生的社交竟已如此复杂。我更害怕，如果"主人"叫孩子去做危险的事情呢？于是我很严肃地告诉女儿："你才是你自己的主人，就算是爸爸妈妈也只能给你建议。"但女儿明显听不进去。我气极了："要是'主人'叫你去抢别的同学的钱呢？难道你也听？"女儿真的困惑了，她回答我："妈妈，那我真的不知道该怎么办了。"很明显，女儿知道"抢钱"是违法的，可一旦"主人"命令她，她竟然不敢拒绝！这让我一阵后怕。

我不由想起曾看过的一个新闻。一个初中女孩，听从同学安排，爬上天台尝试在天台上走模特步，幸好被大人看见并阻止。当时的我还觉得非常不可思议，觉得怎么会有这么傻的孩子！可如今类似的事居然发生在了我女儿身上。

老公听说他的宝贝女儿竟然是别人的"宠物猫",非常生气,直接命令女儿:"以后不要再和这些同学玩,你们都是同学,她们凭什么是你的'主人'?"

作为家长,我们表达了强烈的否定,以及对女儿爱的支持,本以为女儿会很高兴,没承想女儿竟然哭了起来:"如果我不当宠物猫,她们就不会和我玩了,还会让全班同学不要和我玩。我有个同学拒绝当宠物猫之后,全班同学都不理她了,我不想没有朋友。"

这时候,我和老公才反应过来,原来,在这个"不平等的游戏"之下,竟是强势的同学用"孤立"威胁她,让她害怕被孤立,害怕没有朋友,因此她才不敢拒绝。

我们一直教育女儿不能欺负别人,也不要怕被人欺负,父母永远会站在她身后。但万万没想到,"欺负"竟然如此隐晦地渗透到了游戏里。我们一致认为,一定要把这件事告诉老师,但也一致认为,光把这件事告诉老师也只能治标不治本。毕竟学校那么大,孩子那么多,老师也会有很多监管不到的地方。

然而,女儿并不愿意我们把这件事告诉老师。理由也很简单,怕同学们知道后孤立她。

其实,主要症结在女儿自己身上——她认为自己不够好,所以只能用"讨好"的方式去获得朋友。于是，我们做了很多功课，和女儿深入地进行了沟通，并达成了以下两点共识。

第一，她很好，不需要改变自己"讨好"别人，她没有做错任何事，做错的是别人。

我们找了很多真实的霸凌案例。在我原来的认知里，被孤立、被霸凌的孩子，是那些或学习不好，或长得瘦弱，或性格内向的孩子。然而，现实却是，长得好看、成绩优秀的孩子也会被孤立和被霸凌。

参加过某综艺节目的一个8岁小神童，凭借装满水的气球落地的声音就能判断出气球坠落的高度，被大家公认为是天才少年。殊不知，他在学校被同学霸凌，有的同学把他掐得身上青一块紫一块，有的同学抢他的学习用品。而这些同学给出的霸凌原因竟然是，老师总是表扬他！

我把这些霸凌的案例讲给女儿听，她非常惊讶。我告诉女儿："你可能觉得你不被朋友喜欢，是因为你不够好，其实不是的！你看，这个孩子那么优秀，依然有人讨厌他。在妈妈看来，你善良、有礼貌，你可以选择和喜欢自己的人做朋友。不想和你做朋友的人，那是他们没有发现你的好，和你自身没关系。你不需要为他们改变，做自己就好了。"

第二，谁都有选择朋友的权利，但孤立和霸凌别人是错误的。

邻居家有个胖乎乎的小男孩，非常喜欢和我女儿一起玩，但我女儿就是不愿意。我劝说过几次，发现两个人确实玩不到一块儿后，我就尊重了女儿的想法。女儿告诉我："他喜欢奥特曼，我喜欢布娃娃，我们聊的东西总是不同。"我说："是的，所以你看，你能选择你喜欢的朋友，他也能选择他喜欢的朋友。"女儿若有所思地点点头。

我告诉女儿："你可以不和他一起玩，你有选择朋友的权利。但你不可以阻止别人和他交朋友。同样，你不想玩这个游戏，你就可以拒绝你的同学，她们也可以不喜欢你，但不能阻止别的同学和你玩，如果她们这样做，就是不对的，你可以告诉老师，或者爸爸妈妈。"

女儿很迟疑："可是如果老师知道了，会批评她的。"

我告诉女儿："孤立和霸凌同学，就像闯红灯，不管有什么理由都是不对的，我们一定要一开始就制止。如果你做不到，可以寻求老师和家长的帮助。"

女儿终于同意我把这件事情告诉老师。

庆幸的是，老师很重视这件事。她也和我强调："低年级的孩子，在玩游戏的过程中可能只是觉得好玩，并不理解什么是孤立和霸凌，但作为老师和家长，我们要多注意，及时引导，让孩子意识到这些问题。如果没有及时阻止，到了高年级，就很容易演化成真正的孤立和霸凌。"有了老师的引导，女儿后来再也没有玩过"猫和主人"的游戏。我侧面了解了一下，发现那些"主人"确实也如老师所说，并不是真的"孤立"同学，所以也没有出现不和我女儿玩的情况。这一点，女儿非常高兴。

当然，这件事也给了我很大的警醒。除了学习，我也开始有意引导女儿的社交，经常向老师了解孩子在学校的情况，与女儿谈心及时了解她的心理动态。我还时常邀请女儿的同学到家里来玩，或者组织他们一块出去玩。我这样做，一是帮助女儿多交好朋友，二是帮助女儿筛选好朋友。

我不干涉女儿交友的自由，每次活动也以女儿的想法为主，但我会参考《青春期对话法》的方法和女儿讨论这些问题：朋友是什么？交到真正的朋友难吗？该如何帮助没有朋友的同学？朋友叫你一起做坏事，你拒绝的话算背叛吗？对被孤立的同学，有没有具体的办法帮助他们？

现在，女儿有了形影不离的好朋友，也有不少可以一起玩耍的朋友，最重要的是，她的性格开朗了不少，遇到什么事也会及时和我沟通，我也能及时给予她有效引导。随着女儿的长大，我越发意识到，家长的责任重大。她成长过程中遇到的很多事，我们未必能提前在书里学会。但作为家长，一定要多和孩子谈心，及时关注孩子的心理动态，给予有针对性的帮助，让孩子不但学习好、身体好，心理也要健康。

好的友谊，能够让女孩感到满满的正能量和幸福，而那些只会让女孩自卑、无助、自我怀疑的人，从来都不是好朋友的最佳人选。如何帮助女孩筛选朋友呢？可以从以下几方面入手。

❶ 与女孩讨论什么是坏朋友，并举例说明坏朋友会有哪些常见的行为，比如嘲笑、排挤、无视、威胁、操纵他人或者与人相处没有边界感等。

❷ 让女孩了解到，当自己遭遇坏朋友时可能会有的反应，比如不安、焦虑或害怕等，并提醒她当出现以上反应时可能需要采取行动。

❸ 通过角色扮演，练习不同社交场景的处事方法，让女孩在安全的环境中学习如何识别和应对坏朋友；同时，可以让她尝试不同的回应方式，并讨论每种方式可能出现的后果。

❹ 如果父母有过处理糟糕友谊的经验，可以与女孩分享自己的故事和所吸取到的教训。

❺ 在和女孩交流过程中，父母要尽量避免批评她的朋友及其行为，而要鼓励她表达自己的感受。

警惕女孩世界中的"新型霸凌"

网上一条视频讲述了这样一个故事：婷婷是一名初二女生，成绩优异、性格大方，还是班里的副班长，深受老师和同学的喜爱。但最近，妈妈发现女儿有些奇怪——不愿意跟人讲话，还总是陷入沉思，每天一回家就把自己锁到房间里。更糟糕的是，妈妈发现婷婷开始偷拿家里的现金。老师也打电话给妈妈，说婷婷上课走神，还经常向同学借钱。一天晚上，婷婷回家后，吞吞吐吐地跟妈妈说，自己最近看中了一副耳机，要2000元，希望妈妈能借钱给她。这一刻，妈妈确认，女儿一定是遇到了无法解决的问题。

在妈妈的耐心开导下，婷婷终于忍不住了，扑到妈妈怀中大哭起来，边哭边诉说自己的遭遇：最近班里转来了一个男同学，非常优秀，一来就做了班长。两人经常在一起帮老师处理班级事务，而且兴趣相投，总有说不完的话，放学也会结伴回家。没想到，身边有人开始造谣说他们早恋。一开始，婷婷并未理会，直到这件事在网上传开。很多同学都关注了一个公众号，这个公众号平日里会发一些校园趣闻，并配上一些非常夸张的标题。最近，这个公众号发了一篇文章，将婷婷和班长描绘成了一对恋人，放了很多两人在一起聊天的照片，还编造了大量的微信聊天记录。如今，这篇文章被大量转发，谣言被传得沸沸扬扬。婷婷联系了公众号的运营者，希望他们能删除文章。对方却告诉婷婷，每篇文章都有投稿人，投稿人是有稿费的，要是删除文章的话，损失就得由婷婷来承担。不仅如此，公众号的运营者还恐吓婷婷：文章删得越晚，看到的人就越多。

了解了事情的经过后，妈妈陪着女儿去了当地的派出所报案。不久后，公众号的运营者被法律制裁，这场"早恋风波"也终于画上了句号。虽然推波助澜的公众号受到了惩罚，但始作俑者却若无其事地躲在网线的另一端，他们动动手指，就能轻松毁掉一个女孩原本幸福平和的校园生活。

在查阅了大量资料后，我发现，现在有不少孩子都在经历类似的网络霸凌。被霸凌者在网上被针对、被造谣、被辱骂，不知该如何求助。而霸凌者却在其中隐身，无法被追责。

01

我曾看到过一项统计，具有以下特征的孩子往往更容易成为被网络霸凌的对象：

被认为与同龄人有显著不同，比如，过胖或过瘦、戴眼镜或有其他外表差异等；看上去很软弱或无法保护自己；抑郁、焦虑或缺乏自信；不受欢迎，没有朋友；和他人交流不畅等。

在了解关于网络霸凌的案例时，我惊恐地发现：与常规的被霸凌者不同，在网络霸凌面前，每个孩子都可能是受害者，而且越优秀的孩子，越容易深受其害。

中国人民大学新闻学院教师董晨宇曾针对上海的中学生做过一项调查，其中认为自己遭受或见证过网络暴力的同学占比高达90%。网络时代，没有哪个孩子能够置身事外。网络上的一阵微风，刮到某个孩子的身上，就是足以将人凌迟的利刃。

02

相比现实中的霸凌，网络霸凌通常更加隐蔽，但它的势头却更加凶猛。有时，一个谣言就可能让受害者卷入大规模、持续多年的暴力当中。

心理学上有一个效应，叫"网络去抑制效应"，意思是，人们在现实生活中面对面交流时往往处在一种"抑制"的状态,不容易真实地表达自我,但在网络上,这种抑制会被削弱。在网络上,人们会跟陌生人分享最私密的事情、最脆弱的情绪,但与此同时,也可能对他人释放出最赤裸、最极端的恶意。这份恶意,纵使是心智成熟的大人也难以应对,更何况是那些敏感、脆弱的青少年。

国外曾有一个童星,长相甜美、笑容可爱,从6岁起就接拍广告,很受欢迎。可不知道从什么时候起,她突然在网上收到很多陌生人的谩骂。这些攻击毫无根据,但一字一句都充满了对这个未成年女孩的恶意。

铺天盖地的网络霸凌,整整持续了8年之久。她不止一次哭着问家人,自己做错了什么?为什么这些人要这样咒骂自己?可没有人知道答案,因为没有人知道躲在屏幕后面的人到底是谁。

董晨宇博士指出,大规模、匿名的伤害,会让网暴的伤害后果被施暴者分摊。一旦悲剧发生,霸凌者会将责任稀释为"又不是我一个人骂的",并进一步归结为受害者承受能力太差。当受害者永远闭上了眼睛,施暴者最多只是唏嘘几声,很快又会将恶意的目光对准下一个无辜的猎物。

几年前,网上曾有一篇阅读量很高的文章,里面这样写道:

"我是妈妈，我要为了我的孩子而战斗，我要在他受到伤害时不顾一切地站出来，我要告诉他寻求公正的方向，我要拼尽全力让阳光冲破阴霾照亮本该保护孩子的校园……"是啊，每个妈妈都是拼了命才生下孩子，孩子也是拼着命才来到我们的身边的。为了这场拼着命才有的相见，我们有责任保护好自己的孩子。所以，为人父母，当你发现你的孩子正在经历网络霸凌时，你能做的就是拿出姿态和方法，查明真相，和孩子一起面对问题。

第一，千万不要忽视孩子发出的求救信号。

曾有学者发起过一项投票："如果你遭受了网络中的语言暴力或人身威胁，你会怎么办？"结果，绝大多数青少年选择了"自我消化"，只有极少数孩子选择"告诉老师或家长"。这时，父母一定要提高警惕，对孩子多一些关心。特别是当孩子出现以下情况时，说明他很有可能正在遭受网络霸凌：

原本并不排斥学校的孩子突然表现出不愿上学的倾向；放学回家后总是闷闷不乐，经常一个人躲在房间内；抱怨有人针对、排挤自己；出现失眠、做噩梦、尿床等问题；喜欢拍照、分享日常的孩子突然清空了社交账号的内容；等等。

孩子每个反常行为的背后，都藏着深深的恐惧和无助。唯有看见他们的伤口，才能开启治愈的第一步。

第二，及时保留证据，用法律的武器保护孩子。

在不知道霸凌者是谁的情况下，作为父母，我们该如何保护孩子呢？对此，罗翔教授给出了如下建议：

❶ 对侮辱、诽谤孩子的信息、聊天记录、帖子等进行截屏，保
留证据；

❷ 去派出所报案或法院起诉，但这时，往往需要提供施暴者的
真实信息，比如姓名、联系方式等。

如果不知道施暴者的个人信息，可以给网络平台发律师函，要
求对方提供。要是网络平台不肯提供相关信息，也可以去法院起诉
相关平台。

第三，也是最重要的一点，持续关注孩子的身心状态。

网络霸凌带给孩子的伤害，并不会随着谣言的平息而终止。相
反，董晨宇在一次访谈中提到，网暴会降低受害者的个人自尊，也
会让受害者的人际关系处理能力变差，恐惧与别人交往。而这些，
只有靠父母的爱和足够的时间才能治愈。

希望每个孩子都能在阳光下被人照耀，而不是在黑暗中前行。
有了孩子后，我们都成了胆小鬼，怕孩子受委屈，怕孩子挨欺负，
但最怕的，还是一不小心会失去他。很多时候，我们无法驱散世间
所有的黑暗和恶意。我们能做的，是用爱和耐心，让家变成会发光
的存在；让那些在黑暗中徘徊的孩子，一抬头就知道自己的归途在
何方。希望我们的孩子都能平安健康地成长。

﹨ 妈妈养育心法 ﹍

网络时代，霸凌变得更加隐蔽、频发、难以察觉。想保护好女孩免
受网络霸凌的侵扰，一定要注意以下几点。

❶ 指导女孩进行社交媒体及其他网络账户的隐私设置，确保只有朋
友才能看到她们的信息。要向女孩强调不要与陌生人分享个人信
息，包括姓名、家庭住址、电话号码等。

❷ 与女孩讨论网络霸凌的形式，比如负面评论、威胁和羞辱等。

❸ 教女孩如何应对网络暴力，包括如何截图保存证据、如何举报不
当行为等。

❹ 帮助女孩建立积极的自我认同，让她知道自己的价值不会受到网
络言论的影响。鼓励她多参与线下活动，培养兴趣爱好，以减少
对网络的依赖。

❺ 使用真实案例来讨论网络霸凌，让女孩了解这些威胁在现实生活
中的样子，并分析案例中错误和正确的应对方式。

善于社交的女孩是这样培养出来的

前段时间，知乎上一位妈妈的"求助信"刺痛了无数网友。她4岁的女儿特别害怕被朋友拒绝。女儿只要听到朋友说"不和你玩了"，便会陷入惶恐焦虑中，甚至号啕大哭。长此以往，小朋友都拿准了她的"软肋"，常用这句话来"要挟"她。

为了能和其他人一起玩，女儿常常委曲求全：自己很喜欢的玩具，不得不拱手让人；在角色扮演游戏中，明明很想当"公主"，因为害怕被孤立，每次只能委屈着当"女巫"；甚至被要求当众学狗叫，女儿也照做了。当听到女儿哭诉"妈妈，他们都不和我玩"时，她既心疼又无措。

人类学家劳弗说："人是群居动物，如果离开族群，将难以生存。"孩子3岁开始有社交意识后，便想通过交朋友找到自己的"族群"，当他们被朋友拒绝后，常常会束手无策，这时他们第一个想到的求助对象便是父母。如果此时，父母不能及时共情孩子的内心感受，关注孩子的社交需求，给予正确的帮助和引导，无疑会在孩子的心头"再插一刀"。

$\heartsuit$ 01

当孩子在社交中遭受拒绝或被冷落孤立时，父母的第一句回答至关重要。因为不同的答案会传递给孩子不同的社交思维，甚至让孩子步入不同的人生轨迹。而以下常见的错误回答，对孩子有潜移默化的负面影响。

错误回答一："不玩就不玩，我们不稀罕。"

心理学家皮亚杰曾指出："儿童的童年时代有两个世界，一是父母和儿童相互作用的世界，二是同伴的世界。同伴群体对儿童的发展，起着与父母同样重要甚至更重要的作用。"孩子需要朋友，就像鱼需要水一样。在成长过程中，他们急切地渴望获得同伴的认可和陪伴。当孩子向父母求助时，如果父母总是传达给孩子"我们不稀罕""我们也不和他玩"的态度，忽视孩子对社交、情感的需求，只会导致孩子变成一座孤岛。孩子没有发泄压力、倾诉烦恼的途径，久而久之，心理问题也会接踵而至。

错误回答二："就你这样，谁会和你玩？"

我曾在游乐场看到"扎心"一幕。一个4岁的女孩，看到一群大孩子在玩游戏，她走过去小声地询问："我能和你们一起玩吗？"领头的大孩子没理会这个"小不点"。女孩被无视后，转身寻求妈妈的帮助。妈妈看着女儿，十分不悦："你声音像蚊子似的，谁想和你一起玩？"被妈妈批评后，女孩难过地低下头。

澳大利亚的心理学家曾分析过常遭拒绝的孩子的脑电图。结果发现，在社交中常被排斥的孩子的大脑反应，和他们身体受伤时的大脑反应一样，都是感到难受、痛苦。孩子在社交中被拒绝，已经很委屈了，这时最信任的父母还来揭短，无疑让孩子的痛苦雪上加霜。这种打击式的回应，不仅会磨灭孩子的自信，长此以往还会让孩子对交友心存畏惧，变得自卑内向。

　　错误回答三："你把××让给他，他就和你玩了。"

　　生活中，当孩子遇到社交问题时，谦让的父母常主动让孩子"舍己为人"，以此来化解矛盾。"妹妹喜欢你的玩具，你先给她玩，不然她就不和你做朋友了。""把你喜欢的积木让给他们，他们就和你玩了。"父母的过度谦让，潜移默化中让孩子觉得只有放弃自己的权益，才能获得友谊，长此以往孩子很容易形成"讨好型"人格。

　　我们鼓励孩子分享，但分享是相互的，不是一味讨好。牺牲孩子的合理权益换来的"友谊"，短期看似和谐，但"不平等"导致友谊的根基随时可能崩塌。孩子在不断讨好中，会渐渐遗失自我，在未来的社交活动中会更加被动。当孩子在社交过程中遇到阻碍，向父母发出求助信号时，父母千万别忽视和敷衍，更不能贬低和责骂孩子，抑或让孩子随意牺牲。父母只有正确地引导，才能让孩子在社交互动中游刃有余。

02

孩子在社交活动中发生冲突时，父母简单粗暴的几句回复，并不能解决孩子的"痛点"。父母教孩子学会思考、总结，才能帮孩子从源头上解决问题。

美国德雷塞尔大学心理学教授默娜·B.舒尔博士在《如何培养孩子的社会能力》一书中，提出了ICPS（Interpersonal Cognitive Problem Solving，人际认知问题解决）的概念，引导孩子思考如何自主解决人际冲突等问题。她希望孩子遇到问题时，能大声说出"我能解决问题"（I Can Problem Solve），其首字母也是ICPS，且更便于理解。

一个完整的ICPS对话包括以下几个部分。

一是共情孩子的感受，明确问题所在。

当孩子被拒绝时，我们首先要做的是认真倾听，给予安慰。

某知名演员曾对此给出教科书般的引导。在某综艺节目中，她的小女儿受到冷落，难过地找妈妈哭诉："为什么他们都喜欢姐姐，不和我玩？"她没有贬低女儿，也没有指责其他孩子，而是先共情孩子。她说："妈妈理解你的感受。"

然后她进一步帮女儿分析原因："每个人交朋友时，都会有不一样的表达。你试着多笑笑，主动些，小朋友们也会被你吸引，不要总去怨恨别人，先做好自己，才会更开心。"

最后女儿在妈妈的鼓励下，即使不断受挫，依然持续出击，最终交到了朋友。

二是用角色互换的方式，让孩子学会换位思考。

当孩子被拒绝时，我们安抚好孩子的情绪后，也要引导孩子理解他人的感受。前面那个被大孩子拒绝的小女孩，她的妈妈可以先"破解"女儿被拒绝的理由："他们不是不愿意和你玩，而是担心你年纪小容易哭，怕你摔跤。"再让女儿换位思考："现在假如你是大孩子，如果你们游戏玩得好好的，突然一个陌生的小朋友想加入，你会不会也不太愿意？"当父母能挖掘孩子被拒绝的深层原因，并用角色互换的方式，引导孩子跳出"困境"，换位思考，孩子在理解他人的感受后，负面的情绪便容易释放了。

三是提供可参考的方案，让孩子自我反思。

英国诗人托马斯·胡德曾说："一分钟的思考抵得过一小时的唠叨。"父母直接告诉孩子100种解决办法，不如让孩子学会反思，这样才能以不变应万变。

有个朋友曾跟我聊起上高中时一件令她印象深刻的事情。当时，朋友和几位舍友合不来，回家后她哭着说自己不想住宿舍了，父母听了没多说什么，而是给了她两个选择：第一，向老师说明情况，申请调换宿舍；第二，再给自己和舍友一些时间，多了解每位舍友，看看是否有改观。后来有一天，朋友半夜发高烧，几位舍友一起轮换着将她背到了医务室，还轮番照顾她，让她大为感动，这下她才意识到，以前的摩擦只是因为大家作息不同，几位舍友本质上都是很好的人。

　　父母没有替孩子解决问题，只给了孩子多种方案参考，最后孩子在自我反思中，成功化解了难题。即使孩子在独自解决问题时失败了，父母也不要过度担心。教育心理学家桑代克曾提出"尝试错误说"，即学习是渐进的尝试与不断改正错误的过程。

　　研究发现，具备ICPS能力的孩子，更少出现行为问题，更少有攻击性，同时懂得体谅别人，也更有自己的主见。这样的孩子，在社交互动中往往更具有个人魅力，也能把主动权握在自己手中。

　　我们总希望孩子的世界里只有美好，所以认为"被拒绝"是个负面的词。可事实上，孩子需要在友爱的社交中享受友情，也需要在被冷漠拒绝的过程中学会如何去获得真正的友谊。

　　在孩子的社交活动中，我们要让孩子明白：每个人都有选择朋友的权利，不管是拒绝还是被拒绝，都是人生常态，只有理性地看待，才能在未来的人生中更有底气。给孩子多些时间，鼓励他们发扬自己的优点，让孩子更有吸引力。

　　我女儿所在的班级里，有个小女孩特别内向。刚开始，因为爱哭，她经常被小朋友冷落。后来，在一次班级活动中，这个女孩展现出了乐于助人的一面，一下子收获了很多同学的喜欢。她依然爱哭，但也让别人看到了自己身上的亮点，因此赢得了真正的朋友。当我们的女孩遭遇拒绝时，鼓励她多去表达自己，散发自己的"能量磁场"，这样能吸引真正欣赏她的人。因为只有我们展现出真实的自我，才能吸引那些真正欣赏我们、愿意与我们同行的人。

绘本《谁能抱抱我》中的刺先生也和很多孩子一样，常被拒绝，且因浑身带刺，没人愿意给他一个拥抱。最后他努力寻找，遇到了刺小姐，他们一起玩、拥抱彼此，再也不孤单。我们要告诉孩子，即使被拒绝过无数次，也不要放弃寻找友谊。努力发出自己的能量信号，这世界总有和你志趣相投的朋友在下个路口等你。相互吸引，才是朋友间不会拒绝彼此的基石。

心理学家李雪曾说："童年是经历各种自发体验的过程，既有温暖的支持理解，也有激烈的口角冲突，嬉笑怒骂构成童年百态。孩子本身对各种体验没有评判，全然经历过，就会既不执着也不恐惧任何一种状态，发展出真正理智和自由的心智。"当孩子在社交沟通中受阻，向我们求助时，也正是我们引导他们建立社交思维的最佳时机。

╲ 妈妈养育心法 ╱

有句话说得好：懒人教你偷奸耍滑，小人教你作奸犯科，而智者会教你如何深度思考，勤者会教你如何踏实努力，勇者会教你如何奋勇向前。所以，我们的女孩和谁交往，真的很重要。那么，作为父母，我们该如何帮助女孩建立社交思维呢？

❶ 教女孩基本的社交规则和社交礼仪，比如打招呼、排队、乐于分享等。

❷ 通过故事和日常生活中的例子，引导女孩学会换位思考，鼓励她关心和理解他人。

❸ 帮助女孩认识到自己的优点和需要改进的地方，从而建立自信。

❹ 给予女孩及时、正面的反馈，当她在社交情境中表现良好时，不要吝惜自己的赞扬。

❺ 在女孩遭遇社交挫折后，和女孩进行复盘，寻找合理的解决方案。

第5章

心态修炼心法

如何帮助女孩应对成长中的危机与挑战

《女孩危机?!》一书中说:"男孩像一条河,女孩像一口井。男孩遇到的问题是表面的,而女孩遇到的问题是深层的。"女孩的成长,注定比男孩艰难许多;作为父母,也注定需要付出更多的时间和精力。一个女孩在成年前,到底要经历多少磨难和危机?父母又要如何帮助她们化险为夷、圆满渡过呢?

近年来,诸多研究表明,女孩在各阶段的学业表现都远远优于男孩。这让我们陷入一种误区,觉得相比男孩,女孩在学业上顺利很多。

但事实并非如此。中国青少年研究中心曾对1800多名高中生进行调查,结果表明,女生每天做作业和课外学习的时间多于男生。其中,47.4%的女生每天做作业的时间在两小时以上,35.1%的女生每天还要额外学习超过两小时。领先的学业优势,浸透着女孩们日复一日的汗水。长期处于高压状态下，女孩的身心健康也可能遭受严重的损害。

那么，为了女孩的健康，父母应该如何给她减压呢？

首先，放下高期待，给女孩更多的鼓励和支持。

某知名企业家曾分享自己给女儿减压的做法。有一次，女儿考了班级第15名，妈妈很生气，女儿也很崩溃，而他却笑着对女儿说："你看，你们班有40个同学，你在第15名，后面还有25个人，你多厉害！"就是这样一次次的接纳和鼓励，养成了女儿乐观和自信的品格。

对于女孩来说，学业压力往往来自对自我的高标准、严要求，如果回到家还要面对父母的长吁短叹，她的内心定会不堪重负。所以此时父母需要做的，是看见她的需求，理解她的无助，用爱和接纳陪她走好每一步。

其次，走出书本，带她去享受运动。

一项研究指出：每天运动超过一小时的学生，心态积极，情绪调节能力大大增强。相比男孩，女孩更喜欢一些轻快、灵活的运动。羽毛球、跳操、跑步，都是不错的选择。运动可以改善和提高中枢神经系统的工作能力，使女孩能够更好地投入接下来的学习中。

最后，陪她聊聊天，说说心里话。

女孩更喜欢把压力和情绪都憋在心里，长久下来必定会生病。聊天是一个很好的压力和情绪的释放出口。父母平时可以陪她说说话，聊聊身边的趣事。有时候看似没营养的"废话"，却能帮助父母从侧面了解孩子的心理状态，帮她解开心结。

5~10岁是女孩发展社交能力的关键时期。这一阶段的孩子社交圈开始扩大，对朋友的需求显著提高，而对如何交友、如何辨别友谊却一无所知。

想让女孩避免类似的社交压力和危机，也不是没办法。一项针对上海小、初、高学生的研究表明，孩子的朋友数量每增加1个，孩子受霸凌的概率就会降低6.76%。所以，给女孩一个良好的社交圈子，就是给她多一层保护。父母平时可以带女儿多参加一些社交活动，提高她的交际能力；也可以邀请女儿的朋友多来家里玩，和她们打成一片；也要给女儿多一些底气和信心；同时还要多给女儿传授一些社交礼仪和细节。《朋友还是敌人 儿童社交的爱与痛》一书中列举了7条交友技巧，父母也可以用它们来指导女儿：

对友谊的态度要积极；

树立分享理念，培养规则意识；

顾及别人的感受；

控制过激行为；

真心实意地道歉；

对别人的情感变化保持敏感；

谨慎地信任别人。

　　社交是女孩成长中避不开的话题，也是心理发展过程中非常重要的一部分，父母一定要做好引路人，帮孩子交良友、识良人。这样即使你不在她身边，她也能受人帮助，从容地面对压力和烦恼。

　　过度关注外表，是青春期女孩面临的一个普遍问题，而这也是造成她们自卑的主要源头。有研究发现，青少年的身体自尊是其整体自尊最重要的预测指标，而女孩的身体自尊通常低于男孩。

　　事实上，女孩从出生那刻开始，就生活在一个注重外表的环境里。孩童时，女孩通过芭比娃娃来学习审美标准；成长过程中，无处不在的杂志、电视也在向女孩灌输大众对完美女性形象的期待；到了青春期，女孩又面临身体发育的压力。这些都容易让女孩陷入悲观，产生容貌焦虑。

这可能是父母最惧怕的一个时期，但也是女孩最需要帮助和引导的阶段。父母可以参考以下做法，引导女孩健康成长。

第一，帮助女孩挖掘内在能量。

某知名主持人曾在一次采访中说，她的爸爸从小就不让她过于注重打扮，常常教育她："马铃薯再打扮，那也是土豆。你不如把每天照镜子的时间，用在读书上。"受爸爸的影响，她从小就泡在书里，经过多年的浸润，最后成为一名优秀的节目主持人。

好看的皮囊千篇一律，有趣的灵魂万里挑一。父母需要帮助女孩们不断强化自我意识，发掘她们的内在财富，这样她们才不会以外貌来评估自己的价值。

第二，帮女孩找到一个健康美丽的榜样。

美的定义是主观的，社会的审美标准也在不断变化。无论外貌如何，只要女孩自信、坚强、健康、充满能量，她就能显得格外耀眼而美丽。

青春期的少女心智尚未成熟，对美的定义也较为狭隘，父母一定要多引导她们正确地认识美、发现美，让她们明白：美，不仅来自容颜，还有自信的谈吐、过人的才华、内在的修养。

（04）

　　某电视台曾做过一个针对孩子的街访，问他们："你知道身体有哪些部位是不能随便让人碰的吗？"孩子们的回答惊人的相似："不知道。""爸爸妈妈从来没有告诉过我，老师也没讲过。"

　　虽然中国的性教育已经有了很大的进步，但"谈性色变"依然是很多家庭的真实写照。孩子不可能永远生活在"真空"里，尤其是女孩，她们会比男孩更早地进入青春期，如果父母没有提前解答她们的困惑，给予她们及时的引导和帮助，她们就会向外探索。更可怕的是，很多女孩可能还没有树立对"性"的正确认知，就已经遭到了性侵犯而不自知。

　　"女童保护"公益项目2021年的性侵儿童案例报告显示：2021年曝光性侵儿童（18岁以下）案例223起，受害儿童逾569人，其中受害女童占比91%。从受害人年龄来看，受害人在14岁以下的占比75.8%，14至18岁（不含18岁）的占比24.2%，最小的受侵害者仅2岁。

　　你觉得性教育太早，坏人永远不会嫌弃你的孩子太小。越早开展性教育，越能提早防范危险，让女孩们自由、安全、健康地成长。那么，女孩的性教育应该如何开展呢？可以分为3个重要阶段。

　　第一阶段，幼儿期。

　　这是性教育的启蒙阶段。在这一阶段，女孩开始对自己的身体产生好奇，注意到男女之间的差异。

这一阶段父母不必过于紧张，这只是孩子正常的好奇心，此时我们只需适当地转移一下她们的注意力即可，无须做过多的解释。因为你说得再多，她们可能也不太懂，反而你做了什么，对她们的参考价值更大。

第二阶段，儿童期。

这一阶段，她们的脑子里开始浮现十万个为什么，怎么也问不完，比如"我是从哪里来的"。这时候你需要做的就是有问必答。不要觉得尴尬，这些问题在女孩那里可能就和"为什么天空是蓝的"一样稀松平常。如果实在难以启齿的话，你也可以借助绘本、科普视频去解释。重要的是，一定要让她们树立起性别意识，对他人的越界、侵犯行为有一个明确的认知，学会拒绝他人的不当行为，并及时告知家长。

第三阶段，青春期。

到了青春期，性教育不仅不能停止，反而需要更加上心。尤其对于女孩子，如果不提早给她们打好"预防针"，提醒她们保护好自己，那么很可能会后患无穷。

青春期的悸动是美好的，但也是可怕的。当女孩出现早恋行为时，比起强行阻止，父母更应该做的是给她们树立正确的恋爱观。

妈妈养育心法

女孩的成长之路危机重重。身为女孩的父母，一定要有危机意识，在她成长的各个阶段，给予不同的教育。或许你不能时刻守在她身边，但爱和鼓励一定不能缺席。

❶ 培养女孩的自主性，使其明确社交边界，帮助女孩理解什么是可以接受的行为，什么是不可以的；通过阅读、讲故事和做简单的游戏，促进女孩语言和认知技能的提高。

❷ 为女孩提供情感支持，倾听她们的感受，帮助她们表达和管理情绪；鼓励女孩探索不同的活动和培养多种兴趣，比如绘画、音乐、体育等；教导女孩如何与其他孩子合作、分享，以及如何解决冲突。

❸ 帮助女孩建立良好的学习习惯；鼓励她们参与体育活动，保持身体健康；教导女孩建立健康的人际关系，并开展网络安全教育，告诉她们如何正确使用社交媒体。

❹ 尊重女孩的独立性，同时设定合理的界限和期望；了解青春期女孩的特征，多理解她们并提供支持；有意识地与女孩讨论未来的教育和职业目标，鼓励她们为自己的未来做规划。

内心强大比什么都重要：给女孩的成长指南

前两天，女儿刚放学回家就跟我说她被同学嘲笑了。班上有个男孩对她说："你的裙子黑一块白一块的，好像斑点狗，丑死了。"

我问女儿："听到这么伤人的话，你是怎么说的呢？"

"我跟他说：'和你有什么关系，又不是穿给你看的！'我才不会因为他的话而生气。"

听完，我忍不住对女儿竖起大拇指。

记得女儿3岁时，还会因为别人说她眼睛小而整天闷闷不乐；5岁时，会因为我说话的语气急了点而哭得梨花带雨；7岁时，还会因为跟同学闹矛盾而难过好几天。如今，看着女儿从情绪敏感蜕变到自信勇敢，我真的很开心。我们的女孩，不仅身体要健康，内心还必须强大；心思可以细腻敏感，但永远不能忘了冷静自持。

内心强大的女孩才能无所畏惧，充满正能量。在这里，和各位家长分享3个让女孩内心强大的秘诀。

第一个秘诀：爱要浓。

一位妈妈说，女儿经常莫名其妙就眼泪决堤，一言不合就嘟嘴生闷气，一点小磕小碰就脆弱不已。可见，养育女孩，往往需要父母耗费更多心力。

记得有一次，由于堵车，当我匆匆忙忙赶到学校接女儿时，学校只剩几个孩子了。看到我时，女儿噙着泪嘟着嘴，不跟我说一句话。我连忙弯身哄她，结果不哄不要紧，越哄她越委屈，最后竟哭着说我不爱她，不在乎她。

这就是女孩，她们心思更细腻，情感更丰富，情绪更多变，也很爱生闷气。稍有不注意，我们就会刺激到她们敏感纤细的神经。这就导致了她们更容易没有安全感，也更容易受伤。

女儿的养育，爱要浓一点，情感要到位，她们才能勇敢又自信。

电视剧《以家人之名》中的李尖尖，幼年丧母，爸爸一个人把她拉扯大，她却一点没有单亲家庭孩子的自卑和敏感，反而出落得开朗大方。从小爸爸既要照顾她，还要忙面馆的生意，可不管多苦多累，他都亲力亲为，安排女儿的每一顿饭。

有一次，李尖尖和小朋友打架，被对方家长找上门。爸爸不打不骂，反而第一时间维护女儿："那你看我们家小尖，这头发也被鹏鹏薅了一撮，这脸也肿了。"等到大家离去，爸爸才温和地教育女儿不能打架，更不能咬人。

　　在学习上，李尖尖的成绩很差，她的两个哥哥的成绩很好。但爸爸从来不拿两个优秀的儿子去打压女儿，反而支持女儿发展自己的兴趣爱好。所以我们总能看到李尖尖肉嘟嘟的小脸上，写满了被爱包围的幸福。

　　这样成长起来的她，会在哥哥见义勇为时，举着一块砖就跑去仗义援助。被同学嘲笑"倒数第三，只能小面馆刷碗"时，她能霸气回怼。

　　父母充沛的爱，就是女儿安全感的来源，亦是女儿内心强大的基础。被爱包围长大的女孩，不会陷入自我怀疑和否定中，也不会从别人身上寻求安全感。她们内心富足，永远拥有独自面对困难的底气和展翅高飞的勇气。

　　第二个秘诀：嘴要甜。

　　《培养高情商女孩》一书中说："即使只有两岁，女孩也受到社会的许多限制，我们的责任是鼓励女孩要有冒险精神、要勇敢，帮助她们保持天然的个性。"

女孩的生活中总是充斥着这些声音："女孩不如男孩。""女孩就是软弱。""干得好，不如长得好、嫁得好。"这些话其实是在暗示女孩：你笨，你不行，你不用努力。尤其是来自至亲的否定，更容易造成女孩性格上的自卑，导致她们做什么事都缩手缩脚。

在短片《不要再叫我像个女生了》里，很多女孩就吐露，打击的语言让她们的自信心大幅度下降。

"我开始退缩，不再那么勇敢尝试。"

"我放弃了吹小号、打篮球和练摔跤。"

"我告诉自己，如果不够好，就该停下来。"

…………

女孩有个天然的雷达，她们更容易受到言语上的伤害。

因此养育女儿，不要打击，要多捧场。我们的肯定和鼓励是女儿自信的底气，更是女儿内心强大的养料。

在某知名滑雪运动员的记忆里，她的妈妈从没对她说过"不行""不允许"等否定或让她感到压力的话。相反，妈妈看向她的目光里，永远都是支持和鼓励。8岁那年，她正式进入专业滑雪队，是滑雪队唯一的女孩。在这个男孩擅长的项目里，她曾被冷落和排斥。其间她气馁过、无助过，但妈妈的肯定和安慰一直在："你可以的，加油！""你已经做得很棒了。"平时，她练习高难度动作受挫，妈妈也总是鼓励她，为她打气："妈妈特别为你感到骄傲，你已经做得很好了！"她每完成一场比赛，妈妈就第一时间为她送上大大的拥抱，毫不吝啬自己的赞美与夸奖。从小，外婆也经常对她说"你是最棒的！"在爱的鼓励下，她一路成长，不断挑战自我，总想做到最好。

2017年接受记者采访时，14岁的她自信满满地对着镜头说："谁说女孩不能参加体育运动？我们可以！"也是这份自信和勇气，让她在遭受外国媒体不怀好意的攻击时，不仅不受任何影响，还能够智慧地回击对方。

我们常说，父母的嘴，决定孩子的出路。有远见的父母，懂得做女孩的"优评师"，给她支持、肯定、鼓励，给她抬头挺胸的底气，让女孩敢于打破束缚，有勇气、有心力去面对未来生活中的各种挑战和风雨。

第三个秘诀：心要慢。

黑幼龙在《慢养》一书中说，教育孩子不要太担忧，也不要太着急，不求一时的速度与效率，不以当下的表现评断孩子，尊重每个孩子的差异。

慢养，可以让孩子发现最好的自己。养育女孩尤其如此。

首先，和女孩的相处要更耐心和细心。

知乎上有一位妈妈说，她的女儿什么事都不和她说。女儿被班上几个同学合伙欺负了整整一年，却从来没有和她提过半句。直到班主任无意间看见女儿被同学扇耳光，叫了家长，她才知道女儿一直被欺负。这其实是很多女孩父母头疼的一个问题。

一方面，女孩善于隐藏，有很多小心思和小烦恼，他们自己不开口，父母可能难以发觉；另一方面，女孩因为发育早、成熟早，往往也会提前关闭与父母的沟通之门。

这也就要求父母在养育女儿的时候，要留心观察，注意语言措辞和语气态度。父母只有多一些细心和耐心，才能维系好亲子关系，女孩才会愿意向父母敞开心扉，这样父母也才能更好地引导和呵护女孩成长。

其次，在女孩的培养上，要放宽心态。

女性的身体相对柔弱，但背负的社会责任并不比男性少，因此往往要付出更多的努力。面对现实情况，父母难免对女孩的期待和要求过高。既盼她成绩好，又盼她多才多艺；既盼她善于思考和解决问题，又盼她独立自主积极向上。

但教育本就是一个漫长的过程。不焦虑，不急躁，步伐放慢一点，我们的女孩才能按照自己的节奏成长起来。

在"慢养"这方面，心理学家贺岭峰就做得很好。

女儿一道数学题连错4次，他因此被老师叫到学校，他的心情糟糕透了。可回到家，他却没有发火，而是心平气和地吃完饭，再和女儿慢慢沟通。他为什么没有训女儿一顿？因为他知道，疾风骤雨的训斥，只会让女儿感觉更糟，而不会激励她努力去变好。女儿数学考了59分，他先深吸一口气，告诉自己要控制情绪，再和女儿一起分析试卷。最后他还告诉女儿，长大后，没人会在乎你小学四年级考了59分。女儿听了这话，毫无心理负担地继续投入学习。

精神分析学家温尼科特说："对孩子影响最糟糕的父母，就是焦虑的父母。"

父母多一点耐心，多一分淡定，多一点引导和支持，才是对女孩成长最好的助力。在这种松弛氛围下成长起来的女孩，自然能长成舒展而自信的模样。

《养育女孩》一书中写道："女孩的生存空间正在变得更加复杂和危机重重，她们的现在和将来注定比我们的更丰富也更艰难。父母要培养一个内心强大、独立坚定的女孩！"

愿父母们都能在情感上滋养女孩，给她一生的安全感。在语言上鼓舞女孩，给她敢于打破枷锁的勇气和信心。在心态上松弛下来，给女孩发展内在力量的时间和空间。这样，我们的女孩才能成为自己想要成为的人，去做自己想做的事，去追寻自己想要的人生。

妈妈养育心法

漫漫人生路，女孩终究需要自己走。内心强大，才是女孩披荆斩棘最好的武器；勇敢坚定，才是女孩行走于世间最好的底气。具体而言，作为父母的我们需要做到以下几点。

❶ 有效引导女孩欣赏自己的独特性，包括外貌、性格和能力等。同时，引导女孩认识到自我的价值不仅体现在外表上，还体现在个人内在品质和精神上。

❷ 避免过度焦虑，减少内耗。要时刻开导女孩，帮她建立理性思维。帮助女孩认识到大多数问题是有解决的办法的，不必过度担忧。

❸ 在日常生活中，多跟女孩强调"努力"而非"天赋"，这样一来，女孩才会更愿意接受挑战和面对失败。

❹ 不要试图保护女孩，使其免受失败的痛苦，这会剥夺她学习的机会。相反，作为父母，我们要相信她有能力从失败中振作起来并吸取教训。

❺ 帮助女孩养成有益于自我激励的日常习惯，比如阅读、运动等。

让女孩在爱的滋养中成长，远离精神内耗

前几天，我带女儿乐乐出去跟朋友吃饭，有一件事让我心里五味杂陈。

饭桌上有一道避风塘鸡翅颇受小朋友们欢迎。剩下最后一块时，有人问："你们谁还要吃啊？"女儿很想吃，眼神里充满了渴望。朋友见状，便提议说："给乐乐吧，刚才乐乐都没吃到。"

然而这时，另一个小男孩却喊道："我也想吃！"女儿听见后，立刻笑着说："那给弟弟吧，我也没有很想吃。"虽然女儿嘴角上扬，但我却分明从她的眼神里看到了一丝失落。

这一幕，突然让我想起了很多事：一直以来，我都教女儿要与人为善，要体谅他人，而女儿也如我所愿，成了一个大方热情的女孩。和小朋友在一起玩时，她永远扮演着大姐姐的角色，面面俱到地照顾所有人。有朋友来家里做客，她也像个大人似的忙前忙后，以至周围的朋友都对我的育儿能力赞不绝口。

可最近，我却发现女儿变得越来越沉默。

女儿的班主任也跟我说，乐乐在学校总是一副无精打采的模

样，上课还时不时走神。

我问女儿怎么回事，一开始她不肯说，直到我再三追问，她才告诉我：不知从什么时候起，别人的一个表情、一个眼神、一句不经意的话，都能在她的脑中掀起惊涛骇浪。她总是忍不住想：别人是不是讨厌她了？是不是自己哪里做得不好？甚至连同桌没等她一起下楼做课间操这样的小事，她都要反复琢磨到深夜。一开始，我觉得是女儿想太多了。后来，我向一位学心理学的朋友倾诉，她告诉我，女儿这是陷入了精神内耗。小小的她正在被内心的纠结、焦虑、恐慌等情绪撕扯着，消耗了她的精力，也让她丧失了对学习的兴趣。

为了帮助女儿走出精神内耗，恢复自信，我翻阅了大量相关书籍，并从中整理出了6句话。如果想让女孩远离精神内耗，这6句话，父母一定要趁早告诉她。

第一句话：你可以脾气好，但一定要学会发脾气。

孩子，生活中，你是否遇到过这种情况：

你对所有人都很好，以为这样就会有更多人喜欢你，可周围的人却只觉得你好欺负，做任何事都不顾你的感受；到头来，你付出了真心，牺牲了时间，自己却越来越不快乐。

就像作家米格格所说：圆润不尖锐、柔软不懦弱，这样的美好才是饱满的、有底气的。有部电影里的女主角是个性格温和的老好人，可她的逆来顺受只换来他人的得寸进尺：工作上，她兢兢业业，但领导却提拔了另一个新来的员工；生活中，闺蜜拿她当"情绪垃圾桶"，可当她遇到挫折时，闺蜜却只顾着玩手机。为此，她每天都过得很憋屈。终于有一天，她决定不再忍耐：当面指责领导有眼无珠，在闺蜜敷衍自己时将对方的手机扔进水杯里。做完这些后，她本以为自己会很忐忑，没想到的是，她却睡了多年来的第一个好觉。

有的时候，女儿觉得委屈、不开心，就是因为她弄丢了自己的攻击性。有句话说得好："和尊重一个好脾气的人比起来，人们更容易尊重一个会发脾气的人。"你可以不发脾气，但不能没有脾气。生出棱角，长出尖刺，不是为了伤害别人，只是为了更好地保护自己。

第二句话：就算别人不喜欢你，那又怎样？

曾有人问复旦大学的一位教授："别人喜欢你和自己喜欢自己，哪个更重要？"这位教授的回答是："两个都重要。但在两者不能兼顾的情况下，自己喜欢自己更加重要。"人生在世，很多人总是在迎合别人的喜好，改变原本的自己，久而久之，自然越活越累，内耗的时间也越来越长。

很多事当你自己不在意时，就不会再困扰你了。

与其费力不讨好，白白受折磨，不如屏蔽掉那些消耗你的人和事。一旦有了"被讨厌的勇气"，你就会发现，你不需要看任何人的脸色而活，哪怕入不了别人的眼，也不妨碍你活出属于自己的精彩人生。

第三句话：你永远不需要向别人证明什么。

孩子，你曾跟我抱怨，说班里有同学讲你的坏话，你越是费尽口舌地解释，流言蜚语就越是滔滔不绝。为此，你好几个夜晚都难过得睡不着觉，在被窝里偷偷掉眼泪。其实，很多陷入内耗的人都有过类似的经历。

有个十分优秀的女孩，从名校毕业那年，在网上"晒"了一条毕业庆祝视频，没想到，这一个小小的举动却引起了轩然大波。网友纷纷站出来"打假"：有人质疑她伪造学历，有人说她想当"网红"，还有人对她的成绩冷嘲热讽。

孩子，你明白了吗？当一个人诬陷你的时候，他根本不在意真相是什么，他只想看到你百口莫辩、孤立无援的样子。与其费尽心力向别人证明自己，倒不如把时间留给自己，把真相交给时间。做好自己，问心无愧，让那些质疑你的声音随风而去。

第四句话：你内心所焦虑的事，90%不会发生。

孩子，你一定听过这样一句话：别为打翻的牛奶而哭泣。但今天，妈妈想告诉你另外一句话：也别为尚未来临的大雨而焦虑。距离期中考试还有半个月，你就开始惶恐不安，整日担心考不好该怎么跟老师、父母交代；刚当选副班长，你就开始担心，下次选举班干部时如果不能连任会不会很丢脸。

看到你这样，妈妈想给你讲个关于沙鼠的故事。在撒哈拉沙漠，有一种啮齿动物叫沙鼠。每当旱季来临时，它们就会开始囤积草根，整日忙忙碌碌。但奇怪的是，很多时候，明明已经拥有了足够撑过旱季的草根，它们还是会分秒必争地继续寻找。而一旦停下来，它们就会变得焦躁不安。可最后，它们辛苦囤积的草根，大部分直到腐烂了都没能用上。当沙漠上其他的小动物正在享受阳光和食物时，只有可怜的沙鼠们每天过着疲惫又焦虑的生活。

很多时候，真正拖垮你的，并不是现实中的困难，而是你脑海中的焦虑。

事实上，你所担忧的事情，大部分不会发生。未来的事情，我们谁都无法预料。所以，我们唯一能做的，就是好好把握当下，专注于脚下的路，不去预支明天的烦恼。

第五句话：拒绝是每个人的权利，不喜欢的事就要大声说出来。

毕淑敏曾说过一句话："拒绝是一种权利。你那么好说话，又有谁能体谅你？"

妈妈知道你一直是个热心肠的好孩子。只是，对于力所能及的事情，我们可以帮忙；但如果这件事已经超出了你的能力范畴，你答应了，最终拖累和吃亏的只是你自己。

就像《人间失格》中写的："我的不幸，恰恰在于我缺乏拒绝的能力。我害怕一旦拒绝别人，便会在彼此心里留下永远无法愈合的裂痕。"

孩子，一段好的友谊，从来不应该建立在一方对另一方的有求必应之上。真正的好朋友是，哪怕我拒绝了你，你也不会因此而责怪我。

哈佛大学曾做过一项关于拒绝的调查，结果发现：如果一个人学会合理地拒绝，就能减少90%以上的麻烦，更能减少大量时间和精力上的浪费。

所以，孩子，为了让自己活得更轻松，你有权行使拒绝的权利。所有你不想答应的事情，都可以在一开始干脆拒绝。唯有这样，自己才不会陷入纠结，别人也才会感受到你的珍贵。

第六句话：你不是一个人，爸爸妈妈是你永远的后盾。

亲爱的孩子，妈妈想对你说，永远不要为自己的真情实感而抱歉。从小到大，你都是个懂事的孩子，生活中也总是习惯对大人"报喜不报忧"，但你要知道，有负面情绪不是你的错。千万不要一味压抑自己，不管什么事，你都可以跟爸爸妈妈分享。

你要时刻记得：自己不是一个人，爸爸妈妈是你永远的后盾，家是你温暖的港湾。

还记得我们一起读过的绘本《我永远爱你》吗？里面有一段经典的对话。

"妈妈，是不是只有我乖乖的，你才爱我呀？"阿力问。

"我永远爱你呀。"妈妈笑着说。

"要是我做坏事了呢？"阿力问。

"我还是一样爱你。"妈妈说，"真的，不骗你。"

而这也是爸爸妈妈想要告诉你的话：无论什么时候，我们都愿意跟你站在一起，因为我们永远爱你。

所以，从今天起，你不用再为了迎合别人的目光，而压抑自己的渴望；不用再为了追求完美，而委曲求全地讨好他人。比起让你成为一个乖巧、听话的孩子，爸爸妈妈更希望看到你有勇气质疑自己不喜欢的事，有底气坚持自己认为对的事，追随内心的想法，生长出强大的内心。

《心理医生附耳细说》中有这样一段话："你要像烟灰一样松散。只有放松，全部潜在的能量才会释放出来，协同你达到完美。"

陷入情绪内耗的孩子，最终不过是掏空了自己，填满了他人；而远离情绪内耗的孩子，却能拥有自由辽阔的人生，以自信、快乐的姿态度过这一生。

∴ 妈妈养育心法 ╱

父母都希望自己的女儿能够成长为一个温婉、宽容、举止得体的人，成为人群中闪亮的明星。但如果代价是孩子从此陷入纠结、焦虑和恐惧，那这些美好的品质将毫无意义。想要帮助女孩远离精神内耗，可以从以下几点入手。

❶ 教女孩设定清晰的目标，集中精力去实现，而不是在无关紧要的事情上过度思考。

❷ 鼓励女孩写情绪日记，记录自己的情绪变化，并分析情绪背后的原因。

❸ 教女孩学会拒绝，明确自己的界限，避免因为他人而过度承担责任。

❹ 确保女孩每天有足够的休息时间，避免长期处于高压状态。

❺ 和女孩一起进行感恩练习，每天花时间思考并记录下生活中那些值得感激的事物。

破解"懂事女孩"的困境

我的一个朋友生完二胎后，一度以为自己是个"育儿天才"。因为她的大女儿优秀又懂事，是妥妥的"别人家的孩子"。当她因为儿子的哭闹焦头烂额时，女儿能自觉完成作业，考试成绩次次名列前茅；当儿子缠着她要四处玩耍时，女儿能独立照顾自己，把生活规划得井井有条；当儿子为了喜欢的玩具撒泼打滚时，女儿也总能适时放下自己想要的东西替她解围。

她常常对儿子说："如果你能像姐姐一样懂事，妈妈不知道要省心多少。"

但最近热播的电视剧《大考》，却给了我的朋友当头一棒。那个赚足了观众眼泪、让人心疼的田雯雯，真像她的女儿。

剧中，田雯雯从小跟着奶奶长大，她懂事、自律、独立、优秀。父母带着妹妹在外地做生意，她独自留守在家，不仅要负担高三繁重的课业，还要自己去解决生活中方方面面的事，但她从未抱怨过。奶奶去世后，她一个人住在老屋。晚上回家，她发现了一个跟随自己的黑影，被吓到心惊胆战，但接起妈妈的电话还要坚强地报平安，不让父母担心。电话另一头，爸爸和妹妹玩得其乐融融，只有她自己守着冷冰冰的家。

感冒发烧了，她也不愿给父母添麻烦，电话中淡定地说她没事，让他们安心。但挂了电话她又怕得不行，只能求助老师。她一年只能见父母两三次，老师都觉得她很不容易。田雯雯却说："其实也还好，我们班像我这种情况的也不少见。"

大概是习惯了她的懂事，连父母都觉得，让她委屈一点好像也没什么。所以，哪怕后来知道家里进了小偷，父母最终也为了生意没有回来陪她。

爸爸生病了，告诉田雯雯，却要她帮忙瞒着妈妈。那么大的心理冲击，爸爸让正面临高考的她一个人扛下："你从小啊就独立坚强，长这么大呢也没让家里操过心，我感染了。"

这个世界好像就是这样，会哭的孩子有奶吃，懂事的就要遭受更多磨难。可再坚强的孩子也只是个孩子，当妈妈带着妹妹回家来，责怪田雯雯为什么这么"独"，跟她不亲的时候，田雯雯终于忍不住爆发了："你们年轻的时候，没有能力把我带在身边，留下我和奶奶相依为命，一年施舍似的就回来看我那么两三次，现在奶奶也走了，我能不独吗？我这个独是独立的独，是孤独的独。""……你们知道我最难受的是什么时候吗？是你们告诉我了，你们有了妹妹。然后你们现在有条件了，条件好了，可以把她带在身边……我总是在问自己，为什么你们当初明明没有能力养我，还要把我生下来？为什么呀？凭什么我过得这么苦，她过得这么甜呀？投石问路，我是探路石；抛砖引玉，我是那块砖！"

田雯雯在屏幕里绝望崩溃，我的朋友在屏幕外泪流满面。

在其他孩子还在撒娇的年龄，她的女儿却早已学会独自吞咽生活的苦涩。明明自己还是个孩子，却要时刻关注他人的情绪感受，放弃自己的意愿去迎合父母，不敢任性、不敢有要求。懂事的背后，是如履薄冰的讨好，更是深深的委屈。

我的朋友开始重新观察自己的女儿。她突然发现，那些她常年忽视的细节，竟是这样的显而易见。

当女儿想要什么东西时，只要她眉头轻皱，开始犹豫，女儿就会立马放弃，安慰自己"不买也行"；当女儿要做选择时，只要她给出和女儿不一样的答案，女儿就会立马倒戈，说"那就听妈妈的吧"；当全家一起安排计划时，只要有不同的意见，女儿总会说，"不用在意我，我怎样都可以"。女儿的懂事和成熟，是紧张的，是害怕的，是以让别人舒服为目的的。

而我的朋友曾经对这些都视而不见，甚至还沾沾自喜。

前段时间，朋友女儿的班主任打来电话，让她去学校一趟。去了我的朋友才知道，女儿前几天被同学打架误伤，腹痛了好几天，今天实在忍不住才向老师求助。但校医院设施有限，老师只得给她打电话。临走前，老师问我的朋友："她这几天脸色不对，你们家长没有发现吗？"当时我的朋友愣了很久才想起，因为儿子正在生病，她对女儿一向很放心，所以已经很久没有关注过女儿的身体状况了。

去医院的路上，女儿靠在朋友的肩上，朋友轻声问女儿："受伤了为什么不告诉妈妈呢？"

女儿说："我没事的，就是被不小心撞了一下，你们最近又要上班又要去医院照顾弟弟，我不想让你们担心。"那时的我的朋友，听到的全是宽慰；如今的她，想起却满是心疼和自责。

心理学家武志红曾经说过：懂事，是一种很深的绝望。

如果教育可以重来，时光可以倒流，朋友宁愿自己多辛苦一些，也不想让女儿在应该放肆玩耍的年纪，学会谨小慎微。她宁愿女儿不听话，也不想让女儿在自我意识还没建立起来的时候，先学会了放弃自己的主观想法，服从所谓的"权威"。在女儿生气的时候，伤心的时候，沮丧的时候，她宁愿让女儿随意哭闹，也不想让女儿压抑自己的情绪，变得乖巧懂事。她早该看见女儿的隐忍，理解女儿的伤痛，回应女儿的渴求，让女儿知道，妈妈会无条件爱她，会比她想象中的更爱她。

是朋友的偷懒和忽视，才让女儿变成了如今小心翼翼的模样。乖巧、懂事的孩子会让父母省心，却不会让自己安心。

儿童心理学家皮亚杰说："很多小时候很乖的孩子，长大以后普遍心理问题较多。原因就是，他们以满足他人意愿、获得他人肯定为生活主导，失去表达自我的声音，忽略自己的真实需求，内心压抑，十分痛苦。"过于懂事对孩子来说，其实是一件很可怕的事，它可能会束缚住孩子的手脚，让孩子负重前行。

我在网上看过一个网友写的自己的经历：我很清楚地记得，小的时候，奶奶带我出去玩。路过路边的糖果摊，奶奶指着说："想要吗？"我摇摇头说："不想要。"奶奶满意地说："这孩子最乖，从来不乱要东西。"对于小小的我来说，心底里是很想吃那颗色彩缤纷、酸甜可口的糖果的。可是，那个年代"懂事"就是给孩子最高的赞美。于是，敏感的我把自己真正的感受压到了心底，努力做出那个"乖"的模样让自己讨人喜欢。长大以后，我成了一个不懂拒绝别人、疲惫不堪的"烂好人"。

过度懂事的孩子，都是带着伤疤长大的。他们可能从未真正快乐过，甚至过得有些凄凉。

知乎上有一个高赞提问：懂事的孩子快乐吗？差不多4000条回

答是"不快乐"。有一个答主出生在多口之家，有个不爱吃肥肉的哥哥，打从她记事起，就吃哥哥不吃的肥肉，家人都夸她懂事。每次吃饭，母亲会把肥瘦肉分开，瘦肉给哥哥，肥肉给她。直到有一天，她和邻居家的小孩争论肥肉和瘦肉哪种好吃，才回家尝了一块瘦肉，当时她就哭了，那种直击灵魂的美味体验，成为她童年最深刻的回忆。如今的她，不吃肥肉，朋友们都说她讲究，懂得养生。只有她自己明白，这都是给自己童年时懂事的补偿。

一个孩子，如果没在他孩提时代做过他该做的事情——没有放肆地玩过、没有任性胡闹过、没有勇敢说"不"过，那么无论他长到多大，内心都会有一个没被满足、脆弱、一直在哭泣的小孩。

那么，我们该如何挽救自己的过错，治愈孩子心中的伤呢？

最主要也是最核心的，其实就是让他知道：自己的感受是最重要的，无论他表现得好与坏，都值得被爱、被接纳。

前两天，我看到一位妈妈分享的故事：她带女儿去买寿司，因为去得太晚，店里只剩最后一份了。女儿看到后面的男孩一脸失望，就决定把自己的这份让给他。妈妈没有回应女儿，而是继续付款，买走了寿司。

回家路上，妈妈问："刚刚为什么要把寿司让给那个男孩呢？你觉得他比你更需要那份寿司吗？"女儿摇摇头："我自己也很想吃，但是书上说，善良的姑娘是最美的，可以得到爸爸妈妈的表扬。"

原来，女儿放弃满足自己的需求，只是为了得到父母和周围人赞许的眼光，哪怕牺牲自己的感受和快乐。妈妈蹲了下来，把女儿紧紧搂在怀里，对她说："你聪明、勇敢，可以是最厉害的小朋友，但不做最厉害的那个也没关系。因为我和爸爸会永远支持你、爱你，所有最好的都是你应该得到的，没必要用让给别人来换取夸奖，宝贝，你自己开心比别人开心更重要。"

过去的我，常以为"乖"是女孩行走世间最好的名片，却忽略了这可能也是困住她们一生幸福的枷锁。一个女孩，拥有独立的思想，忠于自己的感受，坚定不移地爱自己，远比懂事乖巧更重要。

现在的我，只想告诉女儿：你不用因为要顺从我们的意见，而压抑自己的渴望；也不用在意别人的评价，而委曲求全地讨好。过好自己的生活，永远爱自己，这才是你终身自由的开始。

妈妈养育心法

生活中，有的女孩想要得到别人的认可，所以加倍努力变优秀，想尽办法懂事。可结果却是，越优秀越懂事的女孩，反而越会感到悲伤和委屈。而一个女孩想要获得松弛感，就要从取悦自己开始。

❶ 教女孩学会接受自己的不完美，明白每个人都有优点和缺点，不要因为犯错而贬低自我。

❷ 以身作则，通过肯定的话来提高女孩的自信。一旦意识到女孩产生了自我批评的念头，我们就要用积极肯定的话语来鼓励她，比如"宝贝，你值得""你已经很好了""妈妈相信你可以做到"。

❸ 教导女孩如何处理冲突，而不是逃避或妥协。

❹ 通过练习提高女孩的沟通能力，让她学会如何以平等和被尊重（和尊重他人）的方式表达自己的需求和意见。

❺ 鼓励女孩学习新的技能或提高现有技能，从而提升自我效能感。

接受平凡的勇气：女儿，我只愿你幸福

前段时间，我看到一条令人窒息的新闻：一个初中女孩身患抑郁症，需要定期服用抗抑郁药，但她的妈妈不但擅自给她停药，还不顾医嘱，把药换成了维生素片。有医生说，抑郁症患者擅自停药的后果难以想象，在患者病情不稳定的情况下贸然停药，病情可能会比吃药前更严重！

有人说，人世间最痛心的事，不是我不爱你，而是父母明明爱孩子，却在孩子发出求救信号时置若罔闻，甚至歪曲理解。抑郁症绝不是心情不好，靠想开点、多散散心就能解决的；更不是"作"和"矫情"，靠吃维生素片就能治愈的。

不少家长总觉得抑郁症不是什么大病，孩子只不过睡不好、比较累、食欲不好……自己小时候也都是这么过来的。但这都是身体生病的信号。家长若不重视孩子发出的求救信号，结果往往就是悔恨终身。

《2022年国民抑郁症蓝皮书》显示，9500万名抑郁症患者中，18岁以下青少年占比30%以上。而在刚刚过去的3年里，15岁以下抑郁症患者就增加了3倍多。一篇研究报告显示，抑郁症发病群体呈年轻化趋势。触目惊心的数字背后，是骇人听闻的"根本没发现"。

杭州市第七人民医院精神科主任医师谭忠林介绍，门诊中有一半就诊者是青少年。每当他问患者情绪问题从什么时候开始出现时，患者通常会把时间往前推很多年。而他们的父母却说："（当时）孩子的学习和生活状态看起来和平常一样，没发现什么问题。"

有个女孩已经患抑郁症很多年了，妈妈却以为她"只是青春期叛逆"。

隐蔽性，才是抑郁症真正可怕的地方。孩子明明已经病了，家长却根本没意识到问题的严重性。

我有一个朋友是小学班主任，她说："基本每个班都有孩子有情绪问题。"可当她让家长多关注一下孩子的心理问题，或者带孩子去医院做系统检查时，家长又觉得老师"找麻烦""矫情"。人感冒了会发烧、咳嗽、流鼻涕，需要及时看医生。患了抑郁症的孩子，更应当得到正规治疗。心理上的伤痛虽然看不见，但比身体上的病痛危害更大。

（02）

想起某综艺节目中，有个女生因抑郁症休学在家，服药半年后被父母逼着上学。除了学习，她所有其他的事都被父母认为是"不务正业"。

整个小学阶段，她在学习上不敢懈怠，努力让自己的成绩保持在前列。升入初中后，优秀的同学也更多了，竞争压力让她危机感更大。为了不被同学甩在后面，一天24小时，除了吃饭、睡觉，她都在学习，经常熬夜学习到凌晨两三点，睡眠不超过4小时。

长期的睡眠不足，导致她的注意力难以集中，成绩开始下滑，于是她越来越焦虑，每天晚上还要熬夜，如此恶性循环。

压力太大会把人压垮。那些患了抑郁症的孩子，是身体累出病了，再也拼不动了。可这么简单的道理，很多父母却不懂。

某纪录片里有位妈妈，每天把孩子的生活安排得特别满，给女儿报了十几个兴趣班，女儿从早上7点一直到下午5点，每天都在兴趣班之间奔波，连午饭时间都精确到分，根本没有时间休息。每当女儿产生抵触情绪时，妈妈就说："你要学这个，咱不能输在起跑线。"

家长眼中的"起跑线"，就这样成了孩子焦虑的起点。孩子不得不紧绷着神经，被裹挟着拼命努力。

$$03$$

曾经，我也是一个极端焦虑的母亲，给女儿报过各类培训班。女儿的数学成绩一直不好，我就给她报了两个数学班，家里还买了大量的试卷。小学时作业少，院子里经常有孩子在玩，女儿就不愿意做卷子。我便训她："你知不知道数学有多重要？不刷题，将来你会吃大亏……"

然而，我的耳提面命并没有换来女儿成绩的提升。甚至有一次，女儿的数学成绩只勉强及格，我狠狠教训了她一顿。没想到，女儿突然腹痛、上吐下泻，送到医院后，被诊断为"甲状腺危象"。医生详细检查后，认为孩子精神受刺激了，建议我别给孩子太大的压力。

看到躺在病床上沉睡的女儿皮肤潮红，嘴唇苍白，我心都揪成了一团。遥想女儿刚出生时，我也想过：只要孩子平安健康地长大就行。可不知不觉我就被身边人影响了。仔细回忆一下，我小时候成绩也不好，我又有什么理由逼着女儿一定要成为人中翘楚呢？那一刻，我幡然醒悟。与其把孩子逼得身心俱疲，不如给她一个健康的身心。毕竟，什么能比孩子健康长大、好好活着更重要呢？

北京大学教师丁延庆，他和爱人都是北京大学毕业生，他的女儿却经常考全班倒数第一。当被问起"可以接受孩子的平庸吗？"他笑着自嘲："你必须接受，不接受能怎么样？"他觉得，没必要把时间浪费在逼迫孩子去做她做不到的事情上。

梁晓声在《人世间》里说："孩子若是平凡之辈，那就承欢膝下；若是出类拔萃，那就让其展翅高飞；接受孩子的平庸，就像孩子从来没有要求父母一定要多么优秀一样。"经历过这件事，我才真正领悟到了这句话的真谛。

周国平说："人世间的一切不平凡，最后都要回归平凡，都要用平凡生活来衡量其价值。伟大、精彩、成功都不算什么，只有把平凡生活真正过好，人生才是圆满。"成功的标准，不一定是养出一个多么优秀的孩子，而是孩子即使不够优秀，也有幸福生活的能力。愿我们都能放下焦虑和内耗，让孩子活出热气腾腾的人生。

☆ 妈妈养育心法 ☆

有人是英雄，也有人是普通人。但当英雄路过的时候，总要有人在路边鼓掌。女孩能做个健康快乐的普通人，何尝不是另一种圆满。因此，接受女孩的平凡，是家长这辈子要参透的道理。

❶ 父母要修正自己对成功的定义，认识到让人感到幸福和满足的生活不一定要依赖于非凡的成就。一个女孩能够拥有善良、诚实、坚韧的品格，且富有同情心，这也是教育的成功。

❷ 根据女孩的兴趣和能力设定合理的期望，避免将自己未实现的梦想强加给她们。

❸ 帮助女孩了解自己的优点和局限性，鼓励她们勇于接纳自我。

❹ 给女孩提供无条件的爱，确保她们知道父母爱自己，不是因为她们的成就，而是因为她们是谁。

❺ 观察女孩在日常活动中的表现，注意她们在哪些活动中展现出了特别的兴趣或天赋，发掘她们的潜力。

养育女孩，爸爸也一定要出力

在我看来，养儿子，可能只要有足够的精力陪他玩就行了，陪他追逐打闹骑大马、奥特曼大战哥斯拉，带他去工地看挖掘机，或是宅在家里玩猫鼠游戏；至于养女儿，不仅需要体力，还需要眼力、耳力、心力、脑力、财力、定力、亲和力、战斗力、想象力……

都说三个女人一台戏，我常以为自己是女主角，两个女儿是女配角。只是我遇到的女配角都有"必杀技"，常常"杀"得我溃不成军。

早上起床，7岁的二女儿说要穿裙子。我说今天太冷了，不能穿裙子。她说她不冷，说完就翻箱倒柜拿出一条夏天的薄纱裙。我车轱辘话说了一堆，她才勉强同意裙子里面穿一件T恤。然后新问题又来了："这件T恤跟裙子的颜色不搭，我要换一件T恤！"她再一次翻箱倒柜把衣服试了个遍，把衣柜弄得乱七八糟。搭配完T恤，还要搭配袜子、鞋子，整套流程下来，老母亲的耐心已经降为负数。

你以为到此为止了吗？不！等我拿起梳子，她就开始放大招了。扎马尾辫，她嫌普通；扎麻花辫，她嫌土；扎蝎子辫，她嫌时间太长。好不容易确定了发型，她又嫌你梳头的时候弄疼了她。

我刚说了句“你可真麻烦”，她竟噘起嘴、拉长脸，怄起气来，怎么哄都哄不好。

童话里总夸公主漂亮，却从不提公主挑剔、爱打扮；总夸公主高贵大方，却从不提公主敏感、娇气。所以，童话都是骗人的。真相是，女孩心思更细腻、情感更丰富、情绪更多变。稍有不注意，其他人就容易刺激到她们敏感纤细的神经。于是她们轻则闹脾气、甩脸子；重则哭哭啼啼，哄都哄不好。脾气不好的女孩，还可能摔东西、顶撞人。

在二女儿闹脾气时，大女儿过来训斥她，竟把我好不容易哄好的二女儿又弄哭了！我忍不住对大女儿说：“你管好自己就行了！”她的炮火立刻调转方向对准我：“妈，我这是替你管教她呢！你怎么还反过来说我呢？哼！我看她就是被你宠坏了，我小时候你可没有这么宠过我，小时候我……”

有时候，40岁的母亲也未必吵得赢14岁的女儿。你跟她讲道理，赢了道理也会输了感情；你跟她讲感情，她又说大人不讲道理，太不公平。

教育专家常说女孩语言发育早、语言能力更强，每被老大怼一次，我对此的理解就更深一层。所以这些年来，我总结出了当女孩妈妈的秘诀——嘴要笨，心要细，胆要肥。

首先，嘴要笨一点。在女儿怼天怼地怼妈妈的时候，别太较真，少说多听，实在不行服个软、认个怂，让她们尽情将语言上的天赋"发扬光大"，顺便还能拉近彼此的距离。

其次，"心眼"多一点。留意她们的爽点和痛点，在她们脆弱、胆怯、多愁善感时多加安慰和鼓励。

最后，胆再大一点。在她们想要打扮或探索其他无伤大雅的事情时，放开手脚让她们随便折腾，毕竟小时候的试错都是宝贵的经验。

总之，女孩的妈妈不好当！

得知二胎又是个女儿时，老公一开始是非常开心的，因为他觉得自己的"小棉袄"又多了一件。然而，现实却没有他想象的"美好"。每次我们全家在外面玩累了，两个女儿争着让他背，二女儿甚至想骑到他的脖子上。当我们周末宅在家时，女儿们又轮番抢电视遥控器，因此他已经很久没有看过足球赛了。

平常但凡他起床晚一点，家里就没有空闲的厕所给他用了。

二女儿玩过家家时，还常常给他擦粉、描眉、涂口红，让他扮演一些坏蛋。他扮演过白雪公主的后妈，矫揉造作地问："镜子镜子！我是这个世上最美丽的女人，对吗？"还扮演过玉兔精，二女儿扮演孙悟空，拿着晾衣竿在后面追："妖精！哪里逃！"他一边逃，一边踮着小碎步围着我转圈圈，搔首弄姿地唱："是谁，送你来到我身边……"

自从当了爸爸，老公越来越"多才多艺"了：上得了厅堂，下得了厨房；梳得了发型，配得了衣裳；哄得了孩子，当得起榜样。大女儿上初中后，他甚至去学了散打。起因是大女儿初二时转学了，在新环境里没有朋友，她本来就有点胆怯，这时隔壁班一个男孩给她传了情书，被拒绝后仍时不时骚扰她。老公得知后，亲自接送了大女儿一段时间，并对那个男孩进行了口头警告，事情才算消停，大女儿也慢慢融入了新集体。

但老公仍然不放心："她这辈子会遇到各种各样的人，有教养的、没教养的，我不可能24小时跟着她，关键是要教她学会自我保护、自己面对。"

所以他给大女儿报了散打班，给二女儿报了跆拳道班。日常除了给两个女儿当陪练，父女仨还经常晨跑、打球、游泳。经常运动的两个女儿不但体质很好、很少生病，而且元气满满。

但她们不会轻易惹事，因为老公经常给她们"熬鸡汤"。

有段时间，大女儿与朋友闹矛盾了，无论她做什么朋友都不理她，她很难过。爸爸就劝她："那些让你难过的朋友是可以敬而远之的，真正的朋友不舍得让你难过。"大女儿释然了，此后只要遇到难题她就喜欢找爸爸，父女俩经常在夜市边吃边说，二女儿有时候也跟着去凑热闹。

　　大女儿刚接触几何时学不会，有点破罐子破摔。老公又鼓励她："当你觉得难的时候，说明你正在走上坡路，所以不要轻易放弃。"

　　看着跟女儿亦师亦友的老公，我的心情有些复杂：女儿们小时候喜欢黏着我，可她们越长大，越不听我的话；特别是正值青春期的大女儿，不是嫌我唠叨，就是嫌我管束太多，但她不排斥爸爸。

　　所以现在我们家的分工是这样的：大女儿归老公管，二女儿归我管。但我发现二女儿现在也越来越喜欢跟着爸爸。清明节放假，老公说他约了兄弟们打篮球，二女儿竟然说："我也去我也去！我能当前锋！"老公竟然真的把她带去了！

　　在去篮球场的路上，有一个游乐场，父女俩玩了一下午。中途二女儿给我打了一个电话："爸爸带我玩过山车了，我又高兴，又想妈妈和姐姐，太好玩了！我也想让你们来感受一下……"

　　女儿就是这样，时而把人气得心脏绞痛、胃反酸；时而又化作温暖的"小棉袄"，娇滴滴地诉说着她对你的爱与关怀，让人心里暖洋洋的。

　　大女儿这么长时间没出场，在忙什么呢？接二女儿电话时，我俩正在包饺子，她擀皮，我包馅儿，配合得刚刚好。她一边擀皮，一边跟我絮叨着她们班的某某和某某吵架了，某老师和某老师要订婚了，反正很热闹，我听得津津有味。

这就是我的家庭：一个常常烦心、偶尔放松的妈妈，一个常常跟孩子打打闹闹、偶尔靠谱的爸爸；一个常常跟我们吵架、偶尔懂事的姐姐；一个常常不讲理、偶尔让人窝心的妹妹。

虽然有这样那样的不如意，但两个女儿总会在某个瞬间又把人治愈。

等她们长大了，我还要穿她们姐妹俩的漂亮衣服、用她们的化妆品、喝她们给我泡的下午茶。我们娘仨还要手挽手逛街、购物、看电影。

这样的生活，想想都觉得美。如果你也有女儿，记得告诉她：有你，有你们，此生足矣。

❝ 妈妈养育心法 ❞

充足的父爱，是女孩人生幸福的底色，也是女孩走好未来道路的底气。家有女儿，爸爸一定要多出力，妈妈则要做到以下几点。

❶ 鼓励爸爸参与育儿，表达自己对他的信心和对他角色的重视。

❷ 和爸爸一起设定育儿的目标和计划。平日里，可以和爸爸讨论如何分工合作，确保爸爸明白自己的责任和作用。

❸ 相信爸爸的育儿能力，不要总是批评或纠正他的方法；同时，给予爸爸空间，让他以自己的方式与女儿互动。

❹ 安排"爸爸日"，让爸爸有机会独自照顾女儿。

❺ 庆祝爸爸和女儿之间的特殊时刻，强化父女之间的联结。

这 9 种强者心态，影响女孩的一生

我曾看过这样一段话，让我印象深刻："养女儿，就像种一盆稀世名花，小心翼翼，百般呵护，晴天怕她被晒伤，雨天怕她被淋湿，夏畏酷暑，冬畏严寒，操碎了心，盼酸了眼……"

没错，养女儿的路上我们总是殚精竭虑，小时候怕女儿被欺负，长大后又担心女儿过得不好。想要养出强大的女儿，除了要给她们满满的爱，教她们正确的价值观，还要给她们抵抗恶意的力量。

早日帮助女儿养成以下9种强者心态，她们才会在未来的道路上披荆斩棘，勇往直前。

每个女孩在成长过程中都会听到各种评价：你身材不好，太胖了；你头发太短了，不像个女孩子；你性格太野了，一点也不稳重……

如果女孩因为受到别人的质疑就要解释，顺着别人的逻辑来，就会掉入自证的陷阱，最后陷入内耗。

　　我们要告诉女儿：镜子很脏的时候，我们并不会以为是自己的脸脏；那为什么别人说出糟糕的话时，我们要觉得糟糕的是我们自己？女孩是不被定义的，你不用成为别人，只要成为你自己。

　　微电影《态度娃娃》里有个女孩叫艾利，她是大家心中的微笑天使。她很难拒绝别人，就算是遇到委屈，也会努力挤出微笑说没关系。不管别人说什么，她都会笑着附和。哪怕别人踢碎了她心爱的金鱼缸，她都会咧嘴一笑："没关系，我再买一个就好了。"

　　直到有一天，当她砸碎自己的微笑脸，想要找回自己时，她发现里面早已空空如也。

　　生活中，有多少女孩像艾利一样，从小就被教导要懂事，总是习惯性地讨好别人，甚至对来自他人的赞赏和认可上瘾，结果失去了原则和底线不说，人也伤痕累累。

　　我们要记得告诉女儿：

不必为了取悦别人而活，更不必为了顾及别人而委屈了自己。

唯有遵从内心，不盲从，才能活得真实而强大。

网上有一条视频，让我特别有感触。

一个男生嘲笑一个女孩的穿着："你穿得像个男孩子，太丑了！"

女孩却笑着回复："嗯，我知道了，然后呢？"

"你的脸长得像兵马俑似的，你还是少出来吓人吧！"

可女孩依旧自信回怼："我这是贵族的国字脸型，你懂啥？"

不得不说，这样的女孩，真的是太飒了。

现在的很多女孩各方面都很好，唯一的缺点就是脸皮太薄。她们经常玻璃心不说，在社交中还容易被人占便宜、吃哑巴亏。

只有当女孩生出了"厚脸皮"，才能拥有一身坚硬的铠甲。

父母平常可以让女孩去接触一些让她内心"恐惧"的东西，让她逐渐脱敏，丢掉骨子里的不自信；也可以多带女孩去公众场合，或多参加一些活动，鼓励她多和别人交流。

一个自信从容的女孩，哪怕遭受生活的千锤百炼，也一定能越挫越勇。

04

我曾听一位博主讲过自己的经历。

她小时候，常常因为内心敏感，过分内耗。

因为被老师批评，她偷偷难过了很久，以为老师不喜欢自己；

因为一次课上回答问题被同学嘲笑，她从此再也不敢在课堂上举手；

因为觉得自己腿粗，她很长一段时间都不敢穿裙子……

在漫长的青春期时光里，她总是活得小心翼翼，谨慎又自卑。

直到长大，博主才明白，世间万物，归根结底不过两件事：关你屁事，关我屁事。

不论你做什么，永远都会有人看你不顺眼。太在乎别人的看法只可能把自己的生活弄得一团糟。

比起男孩，女孩的内心更加敏感，她们会为花开而微笑，也会为落叶而伤神。

我们要教会女儿微笑面对这个纷纷扰扰的世界，遵从本心，不被外界影响自己的情绪。我们要告诉她：他强由他强，清风拂山冈；他横任他横，明月照大江。

05

巴黎奥运会期间，我被女子击剑运动员江旻憓"圈粉"了。

她不仅为中国香港代表团拿下了巴黎奥运会的首金，个人履历更是无比丰富：

本科毕业于斯坦福大学，硕士就读于中国人民大学，2021年起在香港中文大学攻读法律博士课程，还精通花滑和钢琴。

回顾江旻憓的成功之路，不仅铺满了泪水和伤痛，更充斥着机遇和挑战。

小时候，江妈妈特别希望女儿去学芭蕾舞，但江旻憓尝试过后却一点也不喜欢，她更喜欢对抗性的运动。

进行了多种尝试后，她才选择了刚柔并济的击剑。

大学毕业那会，父母希望她找一份稳定的工作，但她却毅然选择成为一名全职运动员。

不设限的女孩背后，都有一对不给孩子设限的父母。他们会看见女孩本身的热爱和天赋，然后引导并发扬它，让女孩去焕发属于自己的光彩。

06

2022年北京冬奥会上，我国某著名滑雪运动员因夺得2金1银

"刷爆"朋友圈,成为无数妈妈心中养女儿的模范。

而她能获得如此大的成就,离不开她强大的自信心。

13岁时,她曾在一次采访中透露:"不管是别的男孩别的女孩,比你大比你小,你就是最好的。"

她还曾自信满满地对着镜头说:"谁说女孩不能参加体育运动?我们可以!"

凭借着这一股"我可以"的自信和勇气,她撑过了训练的各种伤痛与挑战,最终闪闪发光。

父母想要让女儿更自信、更强大,一定要在生活中给足女儿情绪价值,多多夸赞她、鼓励她,让她知道自己很棒,拥有"我能行"的信心。

女孩,要从内心深处肯定自己的力量,而后才能生长出强壮的翅膀。

看过一则知乎热帖,发帖人说,她最好的朋友想吃超市里卖的虎皮蛋糕,16元钱一斤,但她妈妈就是不同意。

其实她朋友的家境并不差,但她妈妈就是觉得不值得。

在这种家庭氛围的影响下长大,朋友总是习惯性地苛待自己,过生日买个不到100元钱的蛋糕都觉得不值。

而她自己也是在这种环境下长大的，总觉得自己不配拥有好的事物，骨子里藏着自卑。

配得感，正在成为女孩身上稀缺的一种品质。

父母千万别做扫兴的大人，一次次践踏女孩的渴望，让女孩被匮乏感困住一生。

只有在年少时拥有"配得感"的女孩，才能在日后的岁月里拥有无限的能量，向着幸福生活不断迈进。

一个女孩曾在网上分享过自己从小到大被父母打击的经历。

她从小在父母无尽的贬低里成长，长大后即便与父母相隔千里，但他们还是会时不时跳出来提醒她：你不够好，你很失败。尽管毕业于名牌大学，但她在工作和生活中总对自己很没自信，遇到点困难就想退缩。

如今她36岁了，依然孑然一身，工作也很不稳定。

价值感是一个女孩自信的源泉。而女孩对自己的价值认知，大多源于父母的态度。

平日里，父母一定要多关注女孩的情绪，看见她的努力，肯定她的付出，让她感受到"我是有价值的，我是有人爱的"。

自我价值感高的女孩，才能活出自己的精彩人生。

09

张桂梅校长创办的丽江华坪女子高级中学有这样一段打动千万网友的誓词：

"我生来就是高山而非溪流，我欲于群峰之巅俯视平庸的沟壑。我生来就是人杰而非草芥，我站在伟人之肩藐视卑微的懦夫。"

每次读到我都忍不住热血沸腾。

许多大山里的女孩，从出生起面对的就是一眼望到头的人生——嫁人生子、洗衣做饭，贫穷且劳碌的一生。

是张桂梅让她们知道，女孩也有选择自己命运的权利，也可以走出大山，成就自己的精彩人生。

作为父母，比起宠她、爱她，最重要的是让女儿知道，我命由我不由天，自己的未来，要掌握在自己手中。

女孩要懂得：不必做依附他人的藤蔓，而是要热烈生长，长成一棵树，开出自己的花儿。

《养育女孩》一书中说："女孩当自强！这个观念一定要深深根植在女孩的内心，成为她性格的组成部分。"

的确如此，漫漫人生路，女孩终究需要自己走。

女孩只有拥有不败的强者心态，活得自信而勇敢，善良而聪慧，独立而强大，才能始终立于不败之地。

愿每个女孩都能活出自己的精彩人生，心有阳光，自带锋芒。

∴ 妈妈养育心法 ∴

一项研究表明，一个人能否取得成功，只有15%的概率取决于这个人的智力和生活经验，而剩下85%的概率，取决于这个人的心态。所以，我们要尽早帮助女儿养成强者心态，帮助她成为决定自己人生方向的舵手。

❶ 鼓励女孩建立多样化的支持系统，比如家庭成员、朋友、同学等。让女孩知道自己在困难时可以正面寻求他们的帮助，而不是只能独自承担。

❷ 培养女孩的幽默感，教会她笑对生活中的挑战，减轻内心的压力。

❸ 告诉女孩学会放手，不要过度纠结于那些无法改变的事情。

❹ 鼓励女孩持续学习和成长。新的知识和技能可以为她提供新的视角和解决问题的方法。通过这些方法，女孩能够逐渐培养出积极的心态，更好地应对生活中的挑战和困难。